W0293532

»Italien ist geschaffen, alles ist in Ordnung.«
Camillo Benso von Cavour

Der Fotograf ***Ernst Wrba*** *trinkt zur guten Pasta am liebsten einen Dolcetto, hört gerne Verdi und „die Sprache, die wie Musik klingt". Kurz er liebt Italien.*

Autor ***Wolfgang Veit*** *lebt in der „nördlichsten Stadt Italiens". Vom Münchner Süden bis zum Brenner braucht er nur zwei Stunden – und fährt die Strecke entsprechend häufig.*

Liebe Leserinnen, liebe Leser!

Die F.U.R. Reiseanalyse 2015 bestätigte es erneut, Italien ist das zweitbeliebteste Auslandsreiseziel der Deutschen. Immerhin 7,8% aller Urlaubsreisen führten 2014 dorthin. Und ein Großteil der Italienurlauber besucht den Norden des Landes, wen wundert's angesichts der kulturellen und landschaftlichen Vielfalt.

Kultur und Natur erleben

Wohl fast einzigartig auf der Welt ist die Anzahl einmaliger Baudenkmäler. Ganze Städte faszinieren mit ihren Altstadtkernen. Bozen, Mailand, Cremona, Verona, Padua, Venedig und Bologna sind nur einige der Städte, die man einfach mal besucht haben muss. Wer genug Architektur und Kunst gesehen hat, den erwarten abwechslungsreiche Landschaften. Im Norden begeistern Alpengipfel und hübsche Seen. Weiter südlich folgen die Poebene und die Küsten des Ligurischen Meers und der Adria. Hier findet jeder sein persönliches Lieblingsziel ...

Urlaub einmal anders

... und kann den Urlaub ganz nach den jeweiligen Bedürfnissen gestalten. Robert Fischer, Co-Autor dieses Bandes, gibt eine Vielzahl von erprobten Aktiv-Tipps für abwechslungsreiche Ferientage. Zu den schönsten Wanderungen, die man im Alpenraum unternehmen kann, gehört der Geologensteig in den Dolomiten (S. 33). Mein persönliches Wanderhighlight führt allerdings auf der Via dell'Amore durch die Cinque Terre, das ist zwar nur ein kurzer Spaziergang, doch den kann man beliebig erweitern (S. 73). Auf uralten Pfaden durch Weinberge und Olivenhaine, das Meer immer im Blick, für mich ist das Genuss pur. Vom Wanderurlaub, über die klassische Kulturreise oder den Strandurlaub bis hin zum Wellness- oder Shoppingtrip – in Norditalien haben Sie die Qual der Wahl.

Herzlich

Ihre

Birgit Borowski

Birgit Borowski
Programmleiterin DuMont Bildatlas

62 Zimmer mit Aussicht. Vor mediterraner Kulisse wird die unterhalb von Mortola gelegene Villa Hanbury fast zur Ikone.

Trentino-Südtirol

Oberitalienische Seen

110 Bühne frei! Ein lauer Abend unter dem weiten Sternenzelt in der Arena – gibt es etwas Schöneres?

98 Schwein gehabt. Oder genauer: das richtige Schwein. Denn nicht jeder Schweineschlegel lässt sich zu einem Parmaschinken veredeln.

Piemont und Aostatal

UNSERE FAVORITEN

BEST OF ...

114 An sanften, sonnenbeschienenen Hängen gedeihen edle Tropfen, von deren Qualität man sich auf mehreren Weinstraßen selbst überzeugen kann.

Ligurien

Mailand und die Poebene

Emilia-Romagna

Veneto und Friaul

Anhang

DuMont Aktiv

Genießen Erleben Erfahren

Trentino-Südtirol 20 – 33
Oberitalienische Seen 34 – 47
Piemont und Aostatal 48 – 61
Ligurien 62 – 73
Mailand/Poebene 74 – 89
Emilia-Romagna 90 – 105
Veneto/Friaul 106 – 119
Maßstab 1:3.200.000
0
40 km

Topziele

Die bedeutendsten Sehenswürdigkeiten Norditaliens sowie Erlebnisse, die Sie keinesfalls versäumen dürfen, haben wir auf dieser Seite für Sie zusammengestellt. Auf den Infoseiten ist das jeweilige Highlight als **TOPZIEL** *gekennzeichnet.*

NATUR

1 **Dolomiten:** Das Naturparadies mit Türmen und Zinnen ist das Erbe eines vorzeitlichen Urmeeres und wird als UNESCO-Welterbe geschützt. **Seite 32**

2 **Monte Baldo:** Der Hausberg der Gardesaner blieb einst von den Gletschern der Eiszeit unberührt, weshalb hier viele, teils endemische Reliktpflanzen überdauerten. **Seite 45**

3 **Montblanc (Monte Bianco):** Courmayeur am Fuß des Montblanc bietet im Sommer fantastische Bergwander- sowie Klettermöglichkeiten. **Seite 59**

4 **Gran Paradiso:** Mit ein bisschen Glück kann man im Parco Nazionale Gran Paradiso vor der Kulisse des mächtigen Gran Paradiso (4061 m) sogar Steinböcke sehen. **Seite 59**

2

KULTUR

5 **Felszeichnungen im Valcamonica:** Das Bergtal Valcamonica ist Europas größte Fundstätte prähistorischer Felsgravuren. **Seite 47**

6 **Cinque Terre:** Die „fünf Dörfer" („Cinque Terre") Monterosso, Vernazza, Corniglia, Manarola und Riomaggiore gehören zum Welterbe der UNESCO. **Seite 72**

7 **Mailand:** Diese faszinierend vielfältige Stadt muss man einfach gesehen haben! **Seite 87**

8 **Ravenna:** Frühchristliche Kirchen mit weltberühmten Mosaiken, schöne Plätze und alte Palazzi – das und mehr ist Ravenna! **Seite 104**

5

6

12

ERLEBEN

9 **Riva del Garda:** Wenn der Nordföhn pfeift, dann freuen sich die zahllosen Segler und Surfer hier am Nordende des Gardasees. **Seite 45**

10 **Bologna:** Klar hat Bologna auch viel Kunst und Kultur. Die quicklebendige Universitätsstadt sollte man aber vor allem erleben. **Seite 103**

11 **Verona:** In der Arena di Verona singen Lerchen, und das Publikum mimt die Nachtigall: So war das doch, oder? **Seite 117**

12 **Venedig:** Ach, Venedig. Die Serenissima darf nicht untergehen. **Seite 118**

Hotspot am Gardasee (Sirmione)

Schon die antike römische High Society hat auf dieser Halbinsel ihren Urlaub verbracht und die heißen Schwefelquellen, die hier aus dem Boden des südlichen Gardasees entspringen, für ihre Wellnesskuren genutzt. Von der berühmten Scaligerburg aus hat man, wie der Fotograf dieses Bildes, einen grandiosen Blick auf den Gardasee und auf die Altstadt, die nur durch eine kleine Brücke von der übrigen Landzunge getrennt ist. Sirmione, eine Perle im Gardasee und heute noch so beliebt wie vor 2000 Jahren.

Stimmung in Verona

O Romeo, Romeo, warum bist du Romeo? Verona, das ist Romantik und Dramatik, pulsierendes Leben, laue Sommernächte und stimmungsvolle Plätze (wie hier die Piazza Brà). Wer es sich leisten kann, lauscht der Musik bei den weltberühmten Opernfestspielen, die in der Arena, dem drittgrößten antiken Amphitheater nach Capua und Rom, stattfinden. Ansonsten setzt man sich in die gemütlichen Straßencafés und atmet das einzigartige Flair dieser Stadt ein.

Ländliches Idyll in Corvara, Gadertal

Südtirol, du hast es besser: Grauer Fels entpuppt sich (in Form der Dolomiten) als UNESCO-Welterbe, saftig-grüne Wiesen zeigen keck ihre Frühlingsblütenpracht, und über allem erhebt sich weiß-blau ein Himmelszelt, wie es schöner kaum sein könnte. Sogar Inseln gibt es hier, was man in mehr als 1500 Metern Höhe vielleicht nicht unbedingt vermuten würde. Sprach-Inseln sind das, genau genommen, die von den hier lebenden Ladinern gebildet werden, der offiziell vom italienischen Staat als solche anerkannten kleinsten und ältesten Sprachminderheit des Landes.

TORQUATO TASSO
ALLA CORTE
DI SAVOJA

Prunk und Pracht in Turin

Der Palazzo Reale (1646 bis 1658) versetzt den Besucher in endloses Staunen, denn fast schon unerhört prachtvoll präsentieren sich die Räume im Inneren, in denen bis 1859 der König von Savoyen, bis 1865 der König von Italien residierten. Die Stadt selbst ist rund um die Piazza Castello eine barocke Schönheit, die es für viele erst noch zu entdecken gilt.

Blau-weiß gestreift auf dem Canal Grande, Venedig

Venedig sehen und sterben? Nein, das war Rom – in Venedig ist es die Stadt selbst, die stirbt, Tag für Tag und Stück für Stück, allerdings auf höchst vitale Weise. Davon könnten auch jene Gondoliere ein Liedlein singen, die hier zu sehen sind und für die die Zeiten auch nicht leichter werden: Rund 900 Jahre lang pflegten sie ihren blau-weiß gestreiften Machismo – „schon" müssen sie erstmals eine Gondoliera, also eine Frau, in ihren Reihen dulden: Giorgia Bioscola nämlich, die die Männerwelt ins Wanken bringt. Und das in einer Stadt, die auf dem Wasser errichtet wurde!

Märchenhafte Hotels

Übernachten in verwunschenen Gemäuern

Eine Zeitreise ins Mittelalter erleben, sich wie ein stolzer Ritter fühlen oder wie eine italienische Adlige der frühen Neuzeit – in diesen Hotels Norditaliens ist das möglich. Auch bei verliebten Paaren sind die alten Gemäuer heiß begehrt, hier genießt man Romantik pur!

1 Hotel Castel Rundegg

Besonders romantisch wird es im traumhaft schönen Landschlösschen aus dem 12. Jahrhundert. Fast wie im Märchen fühlt man sich im Turmzimmer mit herrlichem Rundumblick auf die idyllische Landschaft. Bei einem Spaziergang durch den bezaubernden Garten erfreut sich das Auge an der südlichen Vegetation und am Teich, in dem sich das Schlosshotel spiegelt. Entspannung finden Sie auch in der Wellnessoase. Die Küche des Restaurants mit Südtiroler und mediterranen Gerichten ist sterneverdächtig!

Hotel Castel Rundegg, Schennastraße 2, I-39012 Meran, Tel. 0473 23 41 00, www.rundegg.com/de
210 € DZ (2 Erwachsene)

2 Schloss-Hotel Korb

Lassen Sie vom Turm des einstigen herrschaftlichen Sitzes, der um 1230 errichtet wurde, den Blick über die malerische Landschaft mit ihren Weinbergen bis ins Tal hinab schweifen. Eppan sehen Sie zu Ihren Füßen, die Dolomiten ragen am Horizont hinauf. Eine herrlichen Aussicht über das gesamte Tal bieten auch die Turmsuiten mit ihren kleinen romantischen Rundbogen-Erkern. Genießen Sie die vorzüglichen und abwechslungsreichen Speisen des Restaurants, die bei warmem Wetter auf der Panoramaterrasse serviert werden. Auch hier ist der Blick über die liebliche Landschaft atemberaubend.

Resort Schloss Hotel Korb, Fam. Dellago, Hocheppanerweg 5, I-39050 Missian/Eppan, Tel. 0471 63 60 00, www.schloss-hotel-korb.com
193 € DZ (2 Erwachsene)

3 Byblos Art Hotel Villa Amistà

Nicht nur Romantiker, auch Kunstliebhaber fühlen sich in dem herrschaftlichen Haus mit seinem unvergleichlichen Innendesign und den Werken zeitgenössischer Künstler wie im Paradies. Alles ist sehr farbenfroh! Der weitläufige Park, der die venezianische Villa aus dem 16. Jh. umgibt, lädt mit seinen Marmorbrunnen, Wasserspielen und jahrhundertealten Bäumen zum Schlendern und Entspannen ein. Die gehobene Küche des Hotels verwöhnt mit regionalen und internationalen Spezialitäten, die Sie im Sommer auch im hübschen Garten genießen können.

Byblos Art Hotel Villa Amistà, Via Cedrare 78, I-37029 Corrubbio di Negarine, Ortsteil San Pietro in Cariano, Tel. 045 685 55 55, www.byblosarthotel.com
280 € DZ (2 Erwachsene)

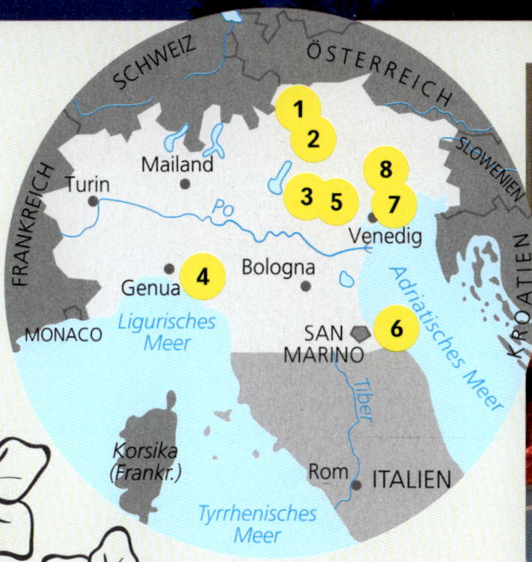

4 Grand Hotel Villa Balbi

Lieben Sie italienische Kunst? In dem Herrenhaus können Sie alte Gemälde und prachtvolle Deckenfresken aus dem 17. Jh. bewundern. Beeindruckend sind hier auch die antiken Möbel und die eleganten Kronleuchter. Spazieren Sie durch den üppigen Garten mit mediterranen Bäumen und genehmigen Sie sich an heißen Tagen ein erfrischendes Bad im gepflegten Außenpool! Auf der schattigen Restaurantterrasse kann man im Sommer besonders idyllisch frühstücken.

Grand Hotel Villa Balbi,
Viale Rimenbranza 1,
I-16039 Sestri Levante,
Tel. 01 85 42 94 1,
www.villabalbi.it
202 € DZ (2 Erwachsene)

5 Palazzo Victoria

Leise ertönt klassische Musik beim Betreten der Zimmer, die mit ihren pastellfarbenen Wänden, schicken Stilmöbeln und Parkettböden verzaubern. Im imposanten Palastgebäude aus dem 14. Jh. genießen Sie das Ambiente der historischen Palazzi Veronas, verbunden mit modernsten Annehmlichkeiten, wie Sat-TV und kostenlosem WLAN in jedem Zimmer. Im Sommer schmecken die grandiosen Kreationen der Restaurantküche im schönen Innenhof aus dem 14. Jh. am besten.

Palazzo Victoria,
Via Adua 8, I-37121 Verona,
Tel. 04 55 96 50 8, http://palazzovictoria.com/de
431 € DZ (2 Erwachsene)

6 Villa d'Acquarone

Nur sechs Zimmer und ein hervorragender Service! In dem von einem Park umgebenen beeindruckenden Gebäudekomplex aus dem 17. Jh. mit seinen fürstlichen Räumen fühlt man sich so ganz unverhofft wie ein König. Vom Außenpool genießt man eine herrliche Sicht auf die liebliche Hügellandschaft von Verona. Werfen Sie auch einen Blick in die Kapelle! Die Fresken stammen aus dem Jahr 1684 und erzählt von den Wundern des heiligen Antonius von Padua.

Villa d'Acquarone, Via Pasubio 5, I-37036 San Martino Buon Albergo,
Tel. 04 59 90 33 0, www.villadacquarone.com/de
230 € DZ (2 Erwachsene)

7 Ai Reali

Antike Holzfußböden, kostbare Möbel, edle Brokattapeten. Der venezianische Adelspalast aus dem 17. Jh. zwischen Rialto-Brücke und Markusplatz lässt die Zeit des Barock wiederaufleben. Wunderbar entspannen kann man im Wellness-Center mit Sauna und Türkischem Bad, danach lockt das exquisite Restaurant mit herrlichem Blick auf den Kanal.

Hotel Ai Reali,
Castello, Campo della Fava 5527, I-30125 Venedig,
Tel. 04 12 41 02 53,
www.hotelaireali.com/de
400 € DZ (2 Erwachsene)

8 Castelbrando Hotel

Schlüpfen Sie mal in die Haut eines Ritters! Das mächtige Schloss Castelbrando liegt romantisch auf einem Hügel, seine Räumlichkeiten prunken mit Relikten des höfischen Lebens: historischen Waffen und Rüstungen, alten Wandteppichen, orientalischen Läufern. Genussvoll speist man in einem der Erker mit fantastischem Blick ins Tal.

Castelbrando Hotel,
Via Brandolini 29, I-31030 Cison di Valmarino,
Tel. 04 38 97 61, www.hotelcastelbrando.com/de
119 € DZ (2 Erwachsene)

Italianità mit deutschen Untertiteln

Nicht mehr der Norden, aber auch noch nicht der Süden. Das mag der erste Gedanke sein, wenn man vom Brenner kommend, das Eisacktal erblickt: die Berge nach wie vor mit schroffen Kanten, dunkelgrüne Wiesen, die Häuser noch mit alpinen Vordächern, darüber gespannt wie ein blaues Tuch der makellose Himmel. Es ist die „wanderbare" Natur, mit der Südtirol den Aktivurlauber bezirzt. Doch geradezu exotischen Reiz hat auch der Mix der Kulturen – deutsche Sprache neben italienischer Sinnenfreude.

Prachtkulisse: das St.-Johann-Kirchlein in Ranui vor den schroffen Geislerspitzen im Villnösser Tal

Am Ostrand des Domplatzes in Brixen erhebt sich die schmucke Fassade des barocken Doms Mariä Himmelfahrt; die klassizistische Vorhalle wurde erst 1785 hinzugefügt.

Links: Geschafft – der große Auftritt bei der Prozession Maria Namen in Schlanders. Entspannt werden die Mitglieder der Trachten- und Musikgruppe nun den herrlich sonnigen Tag genießen, sich noch ein wenig unterhalten und dann nach Hause zum Mittagsmahl gehen können.

Oben: Maria mit dem Kinde entsteht unter diesen kunstvoll schnitzenden Händen im Grödnertal.

Mitten durch den „Zwölferturm" führt die „Neustadt" genannte Hauptstraße in Sterzing – gesäumt von einem der schönsten Häuserensembles in Südtirol.

„Norden und Süden, Stadt und Landschaft, Deutschland und Italien, all diese scharfen Kontraste gleiten sanft ineinander."

Stefan Zweig

Es läutet, zwei-, dreimal. „Hotel Goldener Adler, buon giorno!" Der erste Kontakt mit einer Einheimischen, die sich als Martina vorstellt. Die junge Dame an der Rezeption des „Goldenen Adler" in Brixen erkennt rasch die Herkunft des Gastes. Wünscht „guten Tag" und schaltet um auf ein makelloses Deutsch. Nur ein leicht gerolltes „R" lässt jetzt noch ahnen, dass Martina nicht minder elegant auch weiter in Italienisch hätte parlieren und die Reservierung entgegennehmen können.

Italien trifft Deutschland

So ist Südtirol. Italianità mit deutschen Untertiteln. Die Orte heißen hier Vipiteno und Sterzing zugleich, Bressanone und Brixen, Klausen und Chiusa. Was hatte Stefan Zweig über Südtirol geschrieben? „Norden und Süden, Stadt und Landschaft, Deutschland und Italien, all diese scharfen Kontraste gleiten sanft ineinander. Selbst das Feindlichste scheint hier gesellig und vertraut." Gesellig geht es hier zu, in der Tat. Da trifft man sich mittags beim Trachtenfest im Grödnertal, beim Törggelen im Buschenschank irgendwo im Ridnaun- oder Villnössertal und feiert feste den neuen Wein bei Speck, Kaminwurzen, Schüttelbrot und reichlich Müller-Thurgau, um sich abends das Prada-Kostüm überzustreifen und in Bozen in einer Bar eine „bella figura" zu machen und einen herrlich duftenden Espresso mit sahnig-hellbrauner Crema zu schlürfen.

Waffenstillstand mit Folgen

Dabei ist es ein Zufall der Geschichte, dass die gut 515000 Einwohner der autonomen Provinz Südtirol sich überhaupt zu Italien rechnen dürfen. Nach dem für das Habsburger Vielvölkerreich – das Kaiserreich Österreich-Ungarn – verlorenen Ersten Weltkrieg war ein Waffenstillstand zwischen Italien und dem Kaiserreich für den 4. November 1920 vereinbart worden. Ganz offenbar kam diese Nachricht bei den Führern der kaiserlichen Truppen nicht an. Denn die Soldaten räumten bereits am 3. November ihre Stellungen an der einstigen Front im Trentino – 24 Stunden zu früh. So konnten die italienischen Truppen quasi ungehindert bis Innsbruck durchmarschieren. Zumindest die Gebiete südlich des Brenners bekam Italien im Friedensvertrag von Saint Germain zugesprochen; Mussolinis brutale Politik der „Zwangsitalianisierung" griff allerdings auf dem Land eher wenig. Bemerkenswert ist, dass die Zahl der „Italiener" (italienischer Abstammung) in Südtirol zurzeit stetig sinkt, während die Zahl der deutschsprachigen Südtiroler steigt.

Auf einem rund 200 Meter hohen Felsen hoch über dem Städtchen Klausen thront das Kloster Säben.

Viele Spitzkehren kennzeichnen die Straße,
die hinauf aufs Stilfser Joch führt.

Bergwanderer im oberen Martelltal

Rinderleben im Villnösser Tal

Special

Die Gletschermumie: „Ötzi"

Der Mann vom Hauslabjoch

Es geschah am 19. September 1991. Gegen 13.30 Uhr entdeckten Helmut und Erika Simon aus Nürnberg beim Tisenjoch nahe dem Hauslabjoch in den Ötztaler Alpen eine gefrorene Leiche.

Der Fund entpuppte sich bald als eine Sensation, da dies die bislang besterhaltene und auf natürlichem Wege konservierte Leiche aus dieser Zeit (ca. 3300 v. Chr.) in Mitteleuropa ist. Bis auf einen Bandscheibenverschleiß der Lendenwirbelsäule und eine Verletzung durch einen Pfeilschuss in die linke Schulter war der Körper des ca. 45 Jahre alten, 1,60 Meter großen Mannes nahezu unversehrt und vollständig. Zudem fand man Gebrauchsgegenstände aus dieser Epoche, etwa ein vollständig erhaltenes vorgeschichtliches Kupferbeil. Nach einem erbitterten Streit zwischen Italien und Österreich wurde festgestellt, dass der Fundort von „Ötzi" – wissenschaftlich der „Mann vom Hauslabjoch" – genau 92,5 Meter auf italienischem Gebiet lag. Seit 1998 ist Ötzi im Südtiroler Archäologiemuseum in Bozen ausgestellt – tiefgekühlt, versteht sich.

Fundort in Eis und Schnee: Ötztaler Alpen

Noch immer reden viele Südtiroler von „den Italienern" und „den Walschen" und meinen ihre italienischsprachigen Mitbürger.

Nordische Prägung

Wie sollte es auch anders sein in einem Land, das jahrhundertelang zuerst zu Bayern und dann zum Hause Habsburg gehört hat – und sichtbar von deutschen Rittern und Kaufleuten geprägt ist: In Sterzing ließen die Augsburger Fugger Silbererz aus den Gruben holen, im Ridnauntal brach man weißen Marmor für die Innsbrucker Hofkirche, während Burg Reifenstein von reichen Deutschordensrittern zur prunkvollen Feste ausgebaut wurde. Brixen, heute eine lebendige Universitätsstadt, war gar Sitz des Fürstbischofs, also eines Reichsfürsten des Heiligen Römischen Reichs Deutscher Nation; im prächtigen Kloster Neustift nur wenig nördlich des Zentrums von Brixen residierten die Augustiner. Nur mit Naturparadiesen wie dem Pustertal, durch das man geradewegs in die Dolomiten gelangt und das mit murmelblauen Gewässern wie dem Pragser Wildsee oder Berg-Wunderwerken wie den Drei Zinnen bei Innichen aufwartet, konnten die hohen Herren nichts anfangen. Auch das Grödnertal mit seinen weltberühmten, noch ladinisch spre-

Alles frisch: auf dem Bozener Obstmarkt

Ländliches Idyll: Bauernhof in Völlan

Die Laubengänge in Bozen sind ein Erbe der
merkantil geprägten mittelalterlichen Stadt.

Kopfsteinpflaster und Lauben auch hier – in der Meraner Laubengasse

chenden Holzschnitzern, auch Örtchen wie Kastelruth vor der bizarren Kulisse des Schlern ließen Kaufleute links liegen. Dort droben hielten es allenfalls robuste Naturen wie Ritter Oswald von Wolkenstein aus. Die meisten Seitentäler verliefen zudem in Ost-West-Richtung und waren für den gewinnbringenden Transitverkehr ungeeignet.

Willkommen im Süden

Vor Bozen mischen sich immer mehr quadratische Häuser mit dottergelben Fassaden und den klassischen romanischen Naturtonziegeln zwischen die schweren, hölzernen Bauernhöfe. Ein feines Aderwerk aus Rebstöcken überzieht die schroffen Felsen – der Bozener Talkessel gilt immerhin als eine der wärmsten Gegenden Italiens. So zeigt auch die Stadt selbst ein sonniges, jugendlich-heiteres Gemüt; die Leute shoppen in den Lauben, als gäbe es kein Morgen, genehmigen sich lange Mittagspausen oder planen ihr Wochenende lautstark über das längst unentbehrliche „Telefonino".

Manche fahren auch ins Bozener Unterland, den „Weinkeller Südtirols", das schon seit jeher ein beliebtes Erholungsgebiet des Adels war, wie 86 Ansitze und prächtig ausgebaute Burgen beweisen. Im Südtiroler Weinmuseum in Kaltern erlebt man die Geschichte der Weinherstellung geradezu hautnah, kann an imposanten Torggeln (alte Weinpressen) schnuppern oder Weinfässer und Keltergeräte begutachten. Trefflich schlemmen lässt es sich an der Weinstraße in Restaurants wie Herbert Hintners „Rose" in Eppan, und wer die dabei angehäuften Pfunde wieder abtrainieren möchte, der kann sich in die Fluten des herrlich warmen Kalterer Sees stürzen.

Trient steht Kopf

Oder aber in den Trubel der Stadt Trient. Wenn dort in der Woche um den 26. Juni das Vigiliusfest steigt, dann geht in der Regel gar nichts mehr: Menschen in eleganten historischen Gewändern aus dem 16. Jahrhundert ziehen durch die Straßen, in riesigen Kupferkesseln wird Polenta gekocht, auf dem Doss Trento, dem die Stadt überragenden Felsenhügel, wird bei Kerzenschein zum Abendessen geladen. Und zu alledem treten die besten Flößer aus den Trentiner Stadtvierteln auf der Etsch zum Wettkampf um den „Pallio dell' Oca" an.

Ein Kleinod am Wegesrand

Doch auch an ruhigeren Tagen lohnt Trient, das verkannte Kleinod am Wegesrand, den Besuch. Beim Bummel durch die Via Belenzani mit ihren Renaissancepalästen oder über den Domplatz mit dem Neptunbrunnen spürt man den Kunstsinn der einstigen Konzilstadt, der im Castello del Buonconsiglio gipfelt, dem prunkvollen Sitz der Fürstbischöfe von Trient, der heute verschiedene Museen beheimatet. Fahrradenthusiasten wagen die rund 20 Kilometer lange Strecke von Trient hoch zum idyllischen Lago di Caldonazzo. Und auch Rovereto lohnt einen Abstecher. Ein letztes Mal grüßen eisbedeckte Dreitausender im Nordwesten, das ferne Brenta-Massiv. Dann empfangen einen der fröhliche Lärm der Stadt Rovereto und der warme Wind, der, vom Gardasee kommend, durch die treppenreiche, verwunschene Altstadt zwischen der Piazza Rosmini und der Burg streicht: Nun ist man also endlich angekommen, im sonnigen Süden.

Das Bozener Unterland ist „der Weinkeller Südtirols".

VIGILIUS MOUNTAIN RESORT

Fünf Sterne für ein Halleluja

Diesseits von Eden lockt das Bergparadies: Im vigilius mountain resort des Stararchitekten Matteo Thun bei Lana verbinden sich Designschick und Edelambiente mit naturnaher Philosophie und ökologischem Know-how zu einem Berghedonismus der ganz besonderen Art: ein Ort zum Seligsein.

„Ecotecture" nennt der in Bozen geborene Architekt und Designer Matteo Thun sein „auf Nachhaltigkeit unter Berücksichtigung von ökonomischen, ökologischen und soziokulturellen Gesichtspunkten" setzendes Konzept: „Ecology" und „architecture" vereint zu „Ecotecture" will Thun als „sinnvolle Antwort der Architektur auf die Herausforderungen nachhaltiger Entwicklung" verstanden wissen. „Öko statt Ego" versteht der Laie und denkt sich: So weit, so gut. Doch ob die Praxis auch der Theorie standhalten kann?

Luxus zeigt sich im kleinsten Detail (oben). Für Gemütlichkeit sorgen in dem als „Holzhaus der Moderne" beschriebenen vigilius mountain resort (linke Seite) auch schöne Kachelöfen (unten links).

Von Natur aus schön

Eine sehr gute Möglichkeit, Thuns Thesen auf ihre eigene Nachhaltigkeit hin zu überprüfen, bietet das im Jahr 2000 von ihm errichtete 5-Sterne-Designhotel vigilius mountain resort in der herrlichen Umgebung des autofreien Vigiljoch, Lanas keine zehn Kilometer von Meran entfernten Hausbergs.

„Autofrei"? Genau: Das Hotel bettet nicht nur sich, sondern auch seine Gäste auf 1500 Meter Höhe in ein wahres Bergparadies, und damit dieses Eden im Diesseits bleibt, lässt der Gast sein Auto unten in Lana in der Parkgarage stehen und schwebt mit der Schwebeseilbahn hinauf ins „resort". Dort vergisst er alle bemühten Anglizismen sogleich: Schließlich ist er hier oben nicht nur gefühlt, sondern tatsächlich dem Himmel ein Stück näher gekommen. Frisch ist die Bergluft und würzig der Duft der Lärchen, in der Ferne ragen die Dolomiten steilzackig in noch höhere Höhen, ganz nah warten nun 35 Zimmer und sechs Suiten auf den Gast, in denen mit viel natürlichen Materialien – Holz, Lehm, Glas und Stein – Natur, Design und Komfort verbunden werden. Dass Kulinarik und Spa-Angebot vom Feinsten sind – muss man das bei einem Hotel dieser Kategorie noch erwähnen? Eher schon erwähnenswert dürfte sein, dass es in den Zimmern zunächst keine Fernseher gibt: Wer solchen Mangel nicht als Luxus versteht, der kann sich den Fernseher zumindest wünschen (und bekommt ihn dann auch). Alle anderen aber genießen Architektur und Ökologie in Theorie und Praxis – und den Komfort eines so schön wie sinnvoll gestalteten Luxushotels durchaus auch.

Nachhaltiges Bauen beruht in erster Linie auf der genauen Analyse des „genius loci", der Seele des Ortes. (Mattheo Thun)

Fakten & Informationen

Das Resort wurde 2009 als eines von sieben Hotels weltweit mit **5 grünen Sternen** („Eco Hotels of the world") ausgezeichnet. Ein Jahr später erhielt es das Zertifikat **KlimaHotel** – ein Gütesiegel für nachhaltig agierende Hotels.

Adresse & Öffnungszeiten
vigilius mountain resort, Vigiljoch,
I-39011 Lana, Tel. 0473 556600

www.vigilius.it

Maßstab 1:750.000
0
10km
INNSBRUCK
ÖSTERREICH
Tuxer Alpen
Zillertaler Alpen
Venediger-gruppe
Nationalpark
Ötztaler Alpen
Stubaier Alpen
Lienz
Brunico
Bruneck
Bressanone
Brixen
Merano
Meran
Vipiteno
Sterzing
Alpi Sarentine
Sarntaler Alpen
BOLZANO
BOZEN
Dolomiti
Cortina d'Ampezzo
Marmolada
Dolomiti Bellunesi
Belluno
Feltre
Trento
Pergine Valsugana
di Brenta
Vittorio Veneto
Pordenone
Spilimbergo
Maniago
Cordenons
1
2
3
4
5
6

Alles im grünen Bereich

Wer nach Italien will, fährt durch Südtirol meistens nur durch und bekommt dabei gar nicht mit, was man außerhalb des Fahrzeugs alles so verpasst. Und das ist einiges! Was? Lesen Sie doch selbst!

1 Sterzing (Vipiteno)

Sie ist die erste Stadt hinter dem Brennerpass, die 6700-Einwohner-Gemeinde Sterzing.

SEHENSWERT
Das bezaubernde **mittelalterliche Stadtbild** mit seinen schönen Bürgerhäusern ist bereits einen Besuch wert. In der **Heilig-Geist-Spitalkirche** am Stadtplatz (Mo.–Fr. 8.30–12.00, 14.30–18.00 Uhr, Sa. 8.30–12.00 Uhr) sind Fresken von Hans von Bruneck (um 1415) zu sehen. Die Pfarrkirche **Unsere liebe Frau im Moos** (1233–1497) zählt zu den größten Kirchen Tirols. Am Hochaltar findet man fünf Figuren vom ehemaligen Multscher-Altar.

MUSEEN
Vier Tafeln des Flügelaltars (1456–1459) aus der Werkstatt des Ulmer Künstlers Hans Multscher beherbergt das **Multscher-Museum** im Deutschhaus; im barocken Teil befindet sich das **Stadtmuseum** mit Zeugnissen des städtischen Lebens und zur Geschichte des Deutschen Ordens (Apr.–Okt. Di.–Sa. 10.00–13.00 und 13.30–17.00 Uhr).

RESTAURANTS
Im Pfitscher Tal gibt es im **€ € Pretzhof** in urgemütlichem Bauernhof-Ambiente Südtiroler Küche aus eigener Landwirtschaft. (Tulfer 259, Pfitsch, Tel. 04 72 76 44 55, www.pretzhof.com, Ruhetage Mo. u. Di.).

UMGEBUNG
Burg **Reifenstein** und Burg **Sprechenstein**, zwei majestätische Rittersitze links und rechts des Sterzinger Talkessels und südl. der Stadt, bilden einen besonders reizvollen Anblick (Burg Sprechenstein kann man nur von außen besichtigen, Burg Reifenstein nur im Rahmen einer Führung, tgl. außer Sa. vom 1. Apr.–31. Okt., Führungen ab 4 Pers. 10.30, 14.00 u. 15.00, 15. Juli–15. Sept. auch 16.00 Uhr, ca. 1 Stunde). In **Ridnaun** zeigt der Schaustollen (200 m lang) des Bergbaumuseums 800 Jahre Bergbau-Geschichte (www.bergbaumuseum.it, Ende März bis Anf. Nov. Di.–So. 9.30–16.30 Uhr, an Fei. und im Aug. auch montags geöffnet; Führungen: 9.30, 11.15, 13.30, 15.15 Uhr).

INFORMATION
Tourismusverein Sterzing/Freienfeld/ Wiesen-Pfitsch, Stadtplatz 3, I-39049 Sterzing, Tel. 00 39 / 04 72 76 53 25, www.sterzing.com

Biken durchs Pustertal (oben); Freskenmalerei im Castello del Buonconsiglio (rechts)

2 Brixen (Bressanone)

Die malerische 21200-Einwohner-Gemeinde war bis 1964 Bischofssitz des Landes Südtirol.

SEHENSWERT
In der wohl schönsten **Altstadt** Südtirols kann man in vielen kleinen Geschäften nach hübschen Mitbringseln stöbern. Über die Altstadt wacht der **Dom**, dessen ursprünglicher Bau um 980 entstand. 1200 erfolgte die romanische Neugestaltung nach zwei Bränden. Imposant ist auch das Renaissancepalais der **Fürstbischöflichen Hofburg** (1595–1610).

MUSEEN
Das **Diözesanmuseum** am Hofburgplatz besitzt eine Sammlung wertvoller Skulpturen und Tafelbilder sowie eine große Krippensammlung (15. März–31. Okt. Di.–So. 10.00–17.00 Uhr, Krippenmuseum zudem 1. Dez.–6. Jan. tgl. 10.00–17.00 Uhr). 400 Jahre Arzneikunde zeigt das **Pharmaziemuseum** in der Adlerbrückengasse 4 (www.pharmaziemuseum.it).

RESTAURANTS
Politiker, Künstler und Genießer aus aller Welt schätzen die feine Südtiroler Küche des **€ € € Finsterwirts** (Domgasse 3, Tel. 04 72 83 53 43, www.finsterwirt.com). Alles aus hofeigener Schlachtung gibt es im Buschenschank **€ Oberpartegger** (Unter St. Stefan 7 in Villanders, Tel. 04 72 84 78 69).

UNTERKUNFT
Im **€ € Goldenen Adler** verbindet die alteingesessene Familie Mayr den Charme des liebevoll renovierten Gebäudes aus dem 16. Jh. mit modernem Hotelkomfort (Adlerbrückengasse 9, Tel. 04 72 20 06 21, www. goldener-adler. com).

UMGEBUNG
1142 von Bischof Hartmann als Augustiner-Chorherrenstift gegründet, ist das Kloster Neustift in **Vahrn/Neustift** mit seiner Klosterschule heute eines der Hauptzentren der Bildung und Kunst (www.kloster-neustift.it, Stiftsführungen ab 10 Pers. Mo.–Sa. 10.00, 11.00,

14.00, 15.00, 16.00 Uhr, So. und Fei. geschl.). Nordöstlich von Brixen liegt die 15800-Einwohner-Stadt **Bruneck**, 1256 erstmals urkundlich erwähnt und Mittelpunkt des Pustertales. Hier sitzt auf dem Kirchberg das weithin sichtbare Schloss Bruneck (www.bruneck.com).

INFORMATION
Tourismusverein Brixen, Regensburger Allee 9, I-39042 Brixen, Tel. 00 39 / 04 72 83 64 01, www.brixen.org

3 Klausen (Chiusa)

Albrecht Dürer hat den 5000 Einw.-Ort im Stich „Das große Glück" (1494) festgehalten. Eine „Klause" wurde hier zur Zollstätte erhoben.

SEHENSWERT
Das **Kloster Säben** (gegründet im 6. Jh.) thront förmlich gute 200 m über dem „Künstlerstädtchen" Klausen. Heute leben hier elf Benediktinerinnen in Klausur. Ein Kreuzweg führt hinauf, vorbei an der **Gnadenkapelle** sowie der unter Denkmalschutz stehenden **Liebfrauenkirche** und **Klosterkirche** (Gnadenkapelle, Kreuzkirche und Klosterkirche tgl. 8.00–17.00 bzw. 18.00 Uhr). Der berühmte **Loreto-Schatz** wird im Stadtmuseum von Klausen aufbewahrt (April bis Anf. Nov. Di.–Sa. 9.30–12.00 und 15.30 bis 18.00 Uhr, Fei. geschl.).

INFORMATION
Tourismusverein Klausen, Babian, Feldthurns und Villanders, Marktplatz 1, I-39043 Klausen, Tel. 00 39 / 04 72 84 74 24, www.klausen.it

Tipp

Elefant mit Stil

Am 20. Dezember 1551 fand in einer Herberge zu Brixen ein indischer Transportelefant auf Anordnung des Erzherzogs Maximilian von Österreich für zwei Wochen Unterkunft. Aus der Herberge entwickelte sich das stilvolle **€ € € Hotel Elephant**.

HOTEL ELEPHANT
Weißlahnstraße 4, I-39042 Brixen, Tel. 04 72 83 27 50, www.hotelelephant.com

Gipfelglück über urweltlichem Meer der Dolomiten

4 Kastelruth (Castelrotto)

Die 6400 Einwohner-Heimatgemeinde der Kastelruther Spatzen ist als Wander-, aber auch als Langlauf- und Winterwandergebiet bekannt, Hausberg der 2461 m hohe Schlern.

SEHENSWERT
Die Pfarrkirche **St. Peter und Paul** besticht durch einen spätklassizistischen Hochaltar (1882) mit Marmortabernakel. Der frei stehende **Glockenturm** (1756–1758) ist das Wahrzeichen von Kastelruth. Einer der Besitzer der heutigen **Burgruine Hauenstein** (12. Jh.) war der Minnesänger Oswald von Wolkenstein.

UMGEBUNG
Die Hochfläche der **Seiser Alm** in den **Dolomiten** TOPZIEL, die als größtes geschlossenes Almgebiet Europas gilt, ist ein Naturparadies. Auf 1826 bis 2070 m Höhe bietet sich die Möglichkeit zum Wandern, im Winter zum Skifahren oder zur genussreichen Einkehr in der urigen **€ € Gostner Schwaige** (Straße von St. Valentin, Abfahrt Steger Dellai, Tel. 34 78 36 81 54). Im Erholungsort **Völs** bietet das **€ € Romantikhotel Turm** (Piazza Chiesa 9, Tel. 04 71 72 50 14, www.hotelturm.it) eine sehr stilvolle Unterkunft mit tollen Wellness-Arrangements. Holzschnitzerei und Wander- sowie Skitourismus prägen das bis in die Hochgebirgslandschaft der Dolomiten reichende nahe **Grödnertal**. Im Winter sehr beliebte Ziele sind mondäne Skiorte wie **Arabba** am Fuße der Marmolada oder **Cortina d'Ampezzo**, das 1956 Schauplatz der Olympischen Winterspiele war und von spektakulären Dreitausendern umgeben ist.

Reisterrassen in den Gärten von Schloss Trauttmansdorff

INFORMATION
Tourismusverein Kastelruth, Krausplatz 1, I-39040 Kastelruth, Tel. 00 39 / 04 71 70 63 33, www.kastelruth.com
Seiser Alm Marketing, Dorfstr. 15, I-39050 Völs am Schlern, Tel. 00 39 / 04 71 70 96 00, www.seiseralm.it

5 Bozen (Bolzano)

Besonders reizvoll ist an Bozen (105000 Einw.) der Gegensatz zwischen südländischem Flair in den Straßen und Cafés und dem alpenländischem Charakter vieler Bauwerke.

SEHENSWERT
Lieblings-Flaniermeile ist der 1808 angelegte **Waltherplatz** – benannt nach Walther von der Vogelweide. Der **Dom** entstand in mehreren Bauphasen; aus der Zeit um 1200 stammen das Löwenportal und das Radfenster an der Westseite sowie das „Pfaffentörl" am Südende; der Rest kam erst im 15. Jh. hinzu (Mo.–Sa. 10.00–17.00 Uhr). Auf dem Weg zu den hübschen Geschäften der **Laubengasse** passiert man den ältesten Platz Bozens, den **Kornplatz** mit freskiertem **Waaghaus**; hier befand sich 1342 bis 1633 die Fronwaage. Die Via Goethe führt zum **Dominikanerkloster**, wo die **Johanneskapelle** Fresken aus Giottos Schule birgt, die zwischen 1330 und 1370 entstanden (Mo.–Sa. 9.00–17.00, So. 12.00–18.00 Uhr). Der um 1500 kunstvoll gefertigte Krippenaltar ist in der **Franziskanerkirche** zu sehen (Mo.bis Sa. 10.00–12.00 und 14.30–18.00 Uhr).

MUSEEN
Hunderttausende Besucher besichtigen jedes Jahr „Ötzi, den Mann aus dem Eis" im **Südtiroler Archäologiemuseum**, Museumsstr. 43 (www.iceman.it, Di.–So. 10.00–18.00 Uhr, Juli, Aug. und Dez. auch Mo. geöffnet). Infos über Bozen und Südtirol vermittelt auch das **Stadtmuseum** (Sparkassenstr. 14, Di.–So. 10.00 bis 18.00 Uhr).

»... nun, wenn es Abend wird, wenige Wolken an den Bergen ruhen, da fühlt man sich doch einmal in der Welt zu Hause ...« Goethe in Trient

RESTAURANTS
Das **€ € Weiße Rössl** ist eine Institution in Sachen Südtiroler Küche (Bindergasse 6, Tel. 04 71 97 32 67, www.weissesroessl.org). Feine internationale Küche und Jugendstil-Ambiente genießt man im **€ € € Laurin Belle Époque** (Laurinstr. 4, Tel. 04 71 31 10 00, www.laurin.it).

UNTERKUNFT
Trendiges, von Künstlern gestaltetes Design kennzeichnet das **€ € € Hotel Greif** (Waltherplatz, Tel. 04 71 31 80 00, www.greif.it). Das im Jugendstil schwelgende **€ € € € Hotel Laurin** bietet in einem schönen Garten Ruhe pur (Laurinstr. 4, Tel. 04 71 31 10 00, www.laurin.it).

UMGEBUNG
Über der Sarner Schlucht steht die Bilderbuchburg **Schloss Runkelstein** (1237). Im **Sarntal** kann man im **€ € € Wellnesshotel Bad Schörgau** labende Latschenkieferanwendungen genießen (Tel. 04 71 62 30 48, www.bad-schoergau. com). In **Meran** lohnt der Besuch des Kurviertels mit Altem (1874) und Neuem Kurhaus (1912–1914) und Jugendstil-Theater. In den Gärten von **Schloss Trauttmannsdorff** findet man Pflanzen aus aller Welt.

INFORMATION
Verkehrsamt Bozen, Waltherplatz 8, I-39100 Bozen, Tel. 00 39 / 04 71 30 70 00, www.bolzano-bozen.it

6 Trient (Trento)

Mit seinen prächtigen Plätzen und lauschigen Gassen ist die traditionsreiche Bischofsstadt (rund 117000 Einw.) ein beliebtes Reiseziel.

SEHENSWERT
An der Südseite der malerischen **Piazza del Duomo** steht der romanische **Dom San Vigilio** (12.–16. Jh.) mit den Gräbern der wichtigsten Trienter Bischöfe. Über die Via Cavour erreicht man die 1523 geweihte Renaissancekirche **Santa Maria Maggiore** mit einer kunstvollen Orgelbrüstung. Unbedingt durch die **Via Belenzani** ab dem Domplatz wandeln! Paläste aus dem 15. und 16. Jh. mit schönen Fassadenmalereien dominieren das Bild. Im **Castello del Buonconswiglio**, der ehemaligen Residenz der Fürstbischöfe (13. Jh.), liegt der **Magno Palazzo** (1535), ein Meisterwerk der Renaissance mit Arkadenhöfen und Fresken von Romanino und Dosso Dossi.

UMGEBUNG
Ca. 50 km südlich von Trento sollte man die mit Fresken verzierte Burg Sabbionara bei **Avio** besuchen. Über die Straße Nr. 237 erreicht man die rund 20 km westlich gelegene malerische Brenta-Gebirgsgruppe mit dem mondänen Skiort **Madonna di Campiglio**.

INFORMATION
APT Informationsbüro Trient, Via Manci 2, I-38100 Trento, Tel. 00 39 / 04 61 21 60 00, www.visittrentino.it

Genießen Erleben Erfahren

DuMont Aktiv

Der Natur auf der Spur

Auf dem Geologensteig durch das UNESCO-Welterbe: eine Zeitreise durch 270 Millionen Jahre Erdgeschichte in zehn Stationen auf einer mittelschweren Wanderung (ca. fünf Stunden, knapp 600 Höhenmeter) vom Hotel Bad Ratzes in Seis durch die Schlernschlucht zur Prossliner Schwaige, weiter zum Schlernboden und wieder zurück nach Bad Ratzes.

Was für den Architekten Le Corbusier „das schönste Bauwerk der Welt“ war – die Dolomiten –, ist mit seinen Türmen und Zinnen das geologische Erbe eines urzeitlichen Meeres. Belege dafür kann man mit ein bisschen Glück – und einem Hammer – aus dem Fels klopfen: Korallen, Muscheln, Seeigel und anderes versteinertes Getier, das vor rund 270 Millionen Jahren noch höchst lebendig im urzeitlichen Vorläufer (Palaeotethys) des späteren Mittelmeeres schwamm und nun Zeugnis ablegt von der Entwicklung zum heutigen UNESCO-Welterbe Dolomiten.

Die geologische Entstehung der Dolomiten wird besonders deutlich im Schlerngebiet: Gewaltige Vulkanausbrüche unter der Oberfläche des Urmeeres und felsbildende Riffe ließen hier eine faszinierend vielfältige Landschaft entstehen. Der Schlern selbst verdankt seinen geologischen Aufbau übrigens dem „Schlerndolomit“ – einem aus Algen und Korallen bestehenden Riffgestein. Das alles und mehr erfährt man „Schicht für Schicht“ auf dem Geologensteig, einer informativen Wanderung von Bad Ratzes zum Schlernboden und zurück.

Weitere Informationen

Geführte Wanderungen: Anmeldung im Tourismusverein Tiers am Rosengarten, Tel. 04 71 64 21 27, www.tiers.it

Zusätzliche Informationen gibt es im Besucherzentrum Naturpark Schlern-Rosengarten, Weißlahnbad, Tiers, Tel. 04 71 64 21 96, www.provinz.bz.it/natur-raum

GELATERIA
PIZZERIA

Clooney ist auch schon da

Wenn der blütenduftende Südwind das Gelächter der Menschen, die sich an den Uferpromenaden von Bardolino oder Bellagio in der Sonne aalen oder sich an einem Espresso laben, weiterträgt, wenn von trubeligen Altstadtplätzen in Malcesine oder Menaggio Musik und Cappuccinodüfte aufsteigen, dann ist das Urlaubsfeeling perfekt. Doch der Nordwesten Norditaliens hat noch mehr zu bieten: Baukultur in Bergamo oder Brescia, die herrlichen Schaumweine der Franciacorta oder geheimnisvolle Felsgravuren.

In Sirmione am Südufer des Gardasees:
So ein Sommerabend kann wirklich überwältigend schön sein.

Südlich von Torri del Benaco schiebt sich als letzter Ausläufer des Monte Baldo die Punta San Vigilio in den Gardasee.

„Die Menschen leben ein nachlässiges Schlaraffenleben", meinte einst Geheimrat Goethe. Ob das auch für die bevorzugt am Nordufer bei Torbole aktiven Gardaseesurfer gilt?

Grandiose Ausblicke garantiert: die Burg von Malcesine aus der Vogelperspektive

Von Brescia nach Rom und zurück: 1000 Meilen im Oldtimer – da lohnt sich zuvor schon ein prüfender Blick auf die liebevoll herausgeputzte Luxuskarosse.

Es ist nur ein kurzer Moment, doch der offenbar schwierigste. Wie der Flügel einer Taube, der mitten im größten Schwung aufgehalten wird, schüttelt sich das nasse Dreieck. Klatscht nach links und rechts. Will ins Wasser tauchen. Mit einem Seitenschritt pariert der junge Mann den Angriff. Wirft sich herum. Geschafft. Eine fast perfekte Surferwende am Strand von Torbole nahe Riva am Gardasee. Lehrer Giovanni lacht, klatscht mit erhobenen Händen Beifall.

Am Lago di Benaco

Das Nordufer des „Benaco", wie der Gardasee gegen Ende des 19. Jahrhunderts zu Habsburger Zeiten hieß, da Europas Reiche und Gebildete hier urlaubten, ist heute fest in der Hand der sportlichen Jugend: der Surfer von Torbole, der Mountainbiker oder Kletterer, die sich

In Malcesine schieben sich Touristen durch enge Altstadt-Arterien.

im nahen Arco messen. Doch das Bild ändert sich schnell, je weiter man die Provinz Trento verlässt und jenen Teil des Ostufers betritt, der zum Veneto gehört. In Malcesine schieben sich die Touristen aller Altersgruppen durch die engen Altstadt-Arterien ebenso wie in Bardolino an der frisch aufgemöbelten Uferpromenade. In Torri del Benaco sind die Straßencafés meist genauso gut gefüllt wie in Lazise; auch die Skaligerburg in Sirmione gleicht eher einem gut befestigten Ameisenstaat. Und selbst wer auf den fast 2000 Meter hohen Monte Baldo flüchtet, wird sich wundern, wie viele die Fahrt mit der um die eigene Achse rotierenden Gondel machen.

Beschauliches Brescia

Wie gedämpft geht es dagegen in Brescia zu – als hätte jemand einen Sordino über die Lärmtrompete des Gardasee-Ostufers

Wenn es allmählich dunkel wird in Brescia, wird der Palazzo della Loggia in ein stimmungsvolles Licht gerückt.

Ob man hier nur Wasser trinkt? Im Casino in San Pellegrino Terme (Provinz Bergamo)

Pavillon im Garten der Villa Melzi in Bellagio am Comer See:
Wer hier wandelt, wandelt mit Lust, lustwandelt also sozusagen.

In den Gassen von Bellagio am Comer See findet man bestimmt eine gemütliche Trattoria, isst Pasta, trinkt Wein und denkt sich: Könnt' das Leben nicht immer so sein?

gestülpt. Selbst rund um den prächtigen Dom, der immerhin die drittgrößte Kuppel nach dem Petersdom und dem Dom von Florenz hat, geht es vergleichsweise beschaulich zu. Auch am Lago d' Iseo nordwestlich von Brescia, einer Miniaturausgabe des Lago Maggiore, hat man Ruhe. Den Franciacorta – die temperamentvolle Antwort Italiens auf den Champagner –, der im Weindorf Erbusco von Häusern wie Ca' del Bosco oder Bellavista vollendet gekeltert wird, darf man (fast) alleine süffeln.

Bergamo, mon amour

Schon die kleine Standseilbahn hinauf zum Marktplatz der Altstadt wirkt archaisch. Dann die Città Alta: eine wuchtige Stadtmauer, klotzige Bastionen, verwinkelt-verwunschene Gässchen, in denen jeder Schritt hallt: Bergamo, also. Alles Leben schart sich auf der Piazza Vecchia zusammen. Vom Torre Civica (230 Stufen bis nach ganz oben) kann man sich das Gassengewirr zu einem großen Ganzen zusammenreimen, den herrlichen Ausblick über Ober- und Unterstadt genießen oder mit Adleraugen nach Nordwesten spähen und versuchen, den Monte Primo auszumachen – den fast 1700 Meter hohen steinernen „Wächter" an den Ufern des Lago di Como.

Special

Felsgravuren im Valcamonica

Frühgeschichtliche Graffiti en masse

Im Valcamonica in der Provinz Brescia (westl. der Gemeinde Capo di Ponte an der Staatsstr. 42) wurden auf mehr als 2400 Felsen rund 140000 prähistorische Einzelgravuren gefunden. Die ältesten davon entstanden um das Jahr 6000 v.Chr. Neben der Fülle überrascht die enorme Vielfalt der Darstellungen. Steinzeitkünstler waren wohl die Camuner, ein alpines Volk, das vor Tausenden von Jahren zwischen dem Gebiet des heutigen Lago d' Iseo und dem Tonnale-Pass siedelte. Auf mehreren Rundgängen im archäologischen Parco Nazionale Incisioni Rupestri di Naquane kann man neben Alltagsmotiven – Bauern und Krieger mit ihren Ackergeräten und Waffen, verschiedene Tiere – auch geometrische Muster und abstrakte Formen erkennen, die den Raum zwischen den einzelnen Gravuren ausfüllen und vermutlich kultischen Zwecken dienten. Seit dem Jahr 1979 zählt die Fundstätte zum UNESCO-Welterbe.

Das Bergtal Valcamonica ist Europas größte Fundstätte prähistorischer Felsgravuren.

Ein Schotte am Lago Maggiore, Kapitän Mc Eachern in Verbania, verwirklichte sich mit seiner im Jahr 1931 errichteten Villa Taranto und ihrem herrlichen botanischen Garten einen Traum.

Linienschiff „Milano" an der Isola Bella am Lago Maggiore: Der Name ist Programm.

Alles Käse oder was? Nehmen Sie doch einfach mal eine Nase voll davon ...

Vom Charme der Belle Époque

Sie sind wieder da, die Menschentrauben: auf der Oleanderpromenade von Bellagio, dem Bilderbuchdorf am Comer See, das fast erdrückt wird von zwei herrschaftlichen Villen. Links schiebt sich das mondäne, neoklassizistische Grandhotel Villa Serbelloni ins Bild, das schon die Rothschilds beherbergte. Rechts bröselt der Putz von der Villa Melzi, die noch auf ihre Rothschilds warten muss – aber sicher nicht mehr lange, so ist der Park der Villa mit seinen klassizistischen Säulen, Pavillons und Zypressen ein Idyll mit garantiertem Sehnsuchts-Seeblick. Der Immobilienhunger der Schönen, Reichen, Sternchen und Stars aus aller Welt treibt an den Oberitalienischen Seen geradezu spektakuläre Blüten; George Clooney residiert am Comer See, Claudio Abbado genießt am Lago Maggiore seine Mußestunden, und wo bleiben eigentlich Sie?

Mondäner Lago Maggiore

Wer von den Reichen nicht kauft, der nächtigt zumindest auf den Spuren von Clark Gable oder Caroline von Monaco im Luxushotel Villa d' Este in Cernobbio – für schlappe 600 Euro pro Nacht. Die feinen Lagen am Lago Maggiore sind dagegen längst ausverkauft – an Besitzer von Grand Hotels wie dem Jugendstilpalast Îles des Borromées.

Gänzlich umsonst gibt es den herrliche Blick von der Uferpromenade in Stresa über den See oder vom botanischen Garten Alpinia hinab auf den Lago Maggiore. Erlebnisreich sind auch die Fahrt zum Barockschloss der Isola Bella, die kurvenreiche Reise hinauf ins Gebirgsdörfchen Gurro oder der Ausflug an den Ortasee, den hübschen, stillen, kleinen Bruder des Lago Maggiore.

Ortasee, der hübsche, stille, kleine Bruder des Lago Maggiore.

Außen mächtig, innen prächtig: das Kastell von Angera am Südostufer des Lago Maggiore

Die spannendsten Familienerlebnisse

Höher, schneller, weiter!

Tiere in freier Wildbahn hautnah erleben, über eine schaukelnde Hängebrücke balancieren, sich im Klettern üben, Ritter spielen, in Achterbahnen mit atemberaubender Geschwindigkeit durch die Gegend schnellen – viele Kinderattraktionen in Norditalien sind nichts für schwache Nerven, bringen aber jede Menge Spaß!

1 Gardaland

Für Kids ist in Italiens besucherstärkstem Freizeitpark die komplett familienkompatible Achterbahn „Mammut" der absolute Hit. Und wer es noch rasanter mag, kann sich auf weiteren Achterbahn- und Wasserbahnfahrten austoben. Im Unterwassertunnel im Sea Life Aquarium fühlt man sich, als watete man mitten „durch" den Ozean – von Haien und Rochen umschwommen. In den interaktiven Becken erfährt man, wie sich ein echtes Hai-Ei anfühlt.

Gardaland Park, Via Derna 4, I-37014 Castelnuovo del Garda, www.gardaland.it, Kernzeit: Apr.–Sept. tgl. 10.00–18.00 Uhr

2 Busatte Adventure

Der Hochseilklettergarten im Busatte-Park bei Torbole am Gardasee ist der ideale Tummelplatz für Familien, um sich dort bei gemeinsamen Kletterpartien aneinander zu messen und mit kniffligen Balanceakten seine Geschicklichkeit und sein Gleichgewicht zu beweisen. Hier werden 5 Parcours mit unterschiedlichen Schwierigkeitsstufen und 50 Plattformen in 2 bis 10 m Höhe geboten, alle durch Hängebrücken, Lianen, Netzbrücken oder Seilrollen miteinander verbunden. Wer danach immer noch Lust auf Abenteuer hat, kann sich mit dem Fahrrad auf den spektakulären Bodenwellen und Steilkurven der BMX-Bahn austoben.

Busatte Adventure, Via Marocche, I-38069 Nago-Torbole, www.busatteadventure.it, Kernzeit: Mitte Juni bis Mitte Sept. 10.00–19.00 Uhr

3 Seilbahnfahrt auf den Montblanc

Erleben Sie mit Ihren Kindern die Faszination einer Seilbahnfahrt auf den Monte Bianco bzw. Montblanc. Auf italienischer Seite fahren Seilbahnen vom Fremdenverkehrsort Courmayeur auf zwei neuen Teilstrecken zur Helbronner Spitze auf etwa 3500 m Höhe hinauf. 4,3 km lang ist die (gesamte) Strecke und überwindet insgesamt einen Höhenunterschied von 2140 m. Ein Spektakel bieten allein schon die Kabinen. Sie sind rund, vollständig verglast und rotieren um die eigene Achse. Eine fantastische Rundumsicht ist also garantiert!

Monte Bianco-Seilbahn: www.nuovefuniviemontebianco.com

4 Tibetische Hängebrücke

Sind Sie und Ihre Kinder schwindelfrei? Abenteuerlustig? Dann sollten Sie die Tibetische Hängebrücke im Valle di Susa westlich von Turin nicht verpassen: eine 468 m lange schaukelnde Konstruktion, die in schwindelerregenden 30 m Höhe über die Schlucht Gorge di San Gervasio mit dem Bergfluss Piccola Dora führt. Mit Klettergurt und Helm gesichert, balancieren Sie über den schwankenden Pfad mit seinen 1180 Sprossen und einem atemberaubenden Blick in die Klamm. Adrenalin pur! Starten können Sie die Tour durch die Schlucht von Cesana oder von Claviere aus.

www.pontetibetano-cesanaclaviere.com

5 Aquarium Genua

Die rund dreistündige Tour durch das Aquarium von Genua entführt kleine und große Besucher auf eine aufregende Reise durch das unendliche Meer. Zu den größten Becken zählen das der Haie und das der Delfine; wenn man Glück hat, schwimmen die Delfine ganz nah an einem vorbei. Im Innern eines echten Schiffes namens „Nave Italia" gibt es ein großes Streichelbecken, wo man einzelne Tiere auch berühren darf.

Acquario, Porto Antico, Ponte Spinola, I-16128 Genova, www.acquariodigenova.it, Kernzeit: 9.30 bis 19.00, März–Juni, Sept./Okt. 9.00–20.00, Juli/Aug. 8.30 bis 22.30, Nov.–Feb. 9.30 bis 21.00 Uhr

6 Walbeobachtung

Sind Ihre Kinder „seetüchtig", dann buchen Sie mit ihnen doch eine aufregende Bootstour, um Wale aus nächster Nähe zu beobachten. Schon wenige Kilometer vor der ligurischen Küste tummeln sich Delfine und über 20 m lange Wale. Ein besonderes Spektakel bietet sich Kindern, wenn eine ganze „Flipper"-Schar neben dem Boot einhertollt oder ein großer Wal eine mächtige Fontäne ausstößt. Rund fünf Stunden dauern die Touren. Die Ausflugsboote starten im Sommerhalbjahr in Genua, Varazze, Savona, Loano und Andora.

www.whalewatchliguria.it/turismo

7 Mirabilandia

Über 1200 m lang und 50 m hoch: Die Achterbahn „Katun" (s. Bild) erreicht auf der 45 m hohen ersten Abfahrt eine Höchstgeschwindigkeit von 110 km/h – Looping inklusive. Zu langsam? Dann hinauf auf die „iSpeed"! Sie gilt als die schnellste Achterbahn Italiens: 1000 m lang, 55 m hoch, in 0,2 Sekunden von 0 auf 100 km/h, Höchstgeschwindigkeit 120 km/h. Keine Angst! Der Freizeitpark Mirabilandia zwischen Ravenna und Rimini bietet nicht nur Attraktionen für Geschwindigkeitsfanatiker. Kids lieben auch die Fahrt mit der gemächlichen Bahn „MonoSauro", um die Zeit zu ergründen, als Dinosaurier die Erde regierten.

Mirabilandia, Strada Statale 16 Adriatica, km 162, I-48125 Savio, www.mirabilandia.it, Kernzeit: Apr. bis Mitte Sept. tgl. 10.00–18.00 Uhr

8 Aqualandia

Bei der Abfahrt mit einem Gefälle von 60 Grad erreichen die Schlauchboote für 3 bis 4 Personen eine Geschwindigkeit von 100 km/h – schließlich kann sich „Captain Spacemaker" rühmen, mit seiner Höhe von 42 m die höchste Wasserrutsche der Welt zu sein. Der Parco Aqualandia bietet als Wasser- und Themenvergnügungspark viele spektakuläre Attraktionen, aber auch an die Kleinsten ist gedacht: Die amüsieren sich u.a. bei der Clown-Show im Zirkuszelt oder im Kinderbecken mit kleinen Wasserrutschen.

Parco Aqualandia, Via Buonarroti 15, I-30017 Lido di Jesolo, www.aqualandia.it/de, Juni–Mitte September tgl. 10.00–18.00 Uhr

9 Gulliverlandia

Im Gulliverlandia gehen Spaß und Wissen Hand in Hand. Die kleinen Gäste entdecken die Welt der Dinosaurier und bewundern Nachbildungen dieser Tiere in ihrer wahren Größe. Mit dem Zug erkunden Sie die Kultstätten der Mayas. Im mittelalterlichen Spiel fordern sie einander mit Keulen und Schwertern zum Kampf heraus. Und im Aquarium spazieren sie durch einen Glastunnel unter Haien, Rochen und Muränen – ein echter Thriller!

Gulliverlandia, Via San Giuliano 25, I-33054 Lignano Sabbiadoro, www.gulliverlandia.it, Mitte Mai–Aug. tgl. 10.00–18.00 Uhr

MILANO
BERGAMO
BRESCIA
VERONA
MONZA
NOVARA
Como
Lecco
Varese
Lugano
Locarno
Bellinzona
Domodossola
Verbania
Luino
Mendrisio
Sondrio
Morbegno
Tirano
St. Moritz
Vigevano
Vercelli
Pavia
Lodi
Crema
Legnano
Busto Arsizio
Gallarate
Saronno
Seregno
Cantù
Erba
Rho
Sesto S. Giovanni
Treviglio
Chiari
Rovato
Salò
Desenzano del Garda
Sirmione
Peschiera
Riva del Garda
Arco
Rovereto
Dolomiti
di Brenta
Adamello
Ortles
Berninagruppe
Ticino
Lombardia
Maßstab 1:850.000
1
2
3
4
5
6
7
8

Spiel, Sport und Spaß

Der Gardasee ist ein Urlaubsort für die ganze Familie: Bella Italia vom Feinsten, wenn auch fest in deutscher Hand. Ruhe und Beschaulichkeit sucht man hier in den Sommermonaten vergebens. Idyllen offenbaren sich jedoch an den (noch) sehr entdeckenswerten übrigen Oberitalienischen Seen.

1 – 4 Gardasee (Lago di Garda)

RIVA DEL GARDA

Wenn der Nordföhn durch das fjordartige Tal zwischen Monte Brione und Monte Rochetta pfeift, dann freuen sich die zahllosen Segler und Surfer, die 1 **Riva del Garda** TOPZIEL am Nordende des Gardasees bevölkern. Teil der im 13. Jh. errichteten Schutzmauer um die Stadt war die **Torre Apponale** an der **Piazza Tre Novembre** im Zentrum der Altstadt. Die **Chiesa dell'Inviolata** besitzt einen achteckigen Grundriss und wurde beim Bau Anfang des 17. Jh.s mit üppigen Fresken, Gemälden und prächtigem Stuck ausgestattet. Zwischen 1124 und 1370 bauten die Skaliger auf einer kleinen Insel östlich des Apponale-Turms die Feste **Rocca** Zug um Zug zu einer mächtigen Wasserburg aus, die später von den Österreichern als Kaserne genutzt wurde. In der Rocca präsentiert das **Stadtmuseum** auf drei Stockwerken Gemälde des 16. bis 20. Jh. und archäologische Funde aus der Region sowie Exponate zur Geschichte der Stadt Riva del Garda (www.museoaltogarda.it, Sept.–Juni Di. bis So. 10.00–18.00, Juli/Aug. Di.–So. 15.30–18.00 Uhr). Surf- und Segelschule mit Vermietung von Surfbrettern, Segelbooten und Katamaranen; Mountainbike-Verleih und geführte Touren ins Umland beim Nautic Club Riva (Viale Rovereto 44, Riva del Garda, www. nauticclub riva.com, Tel. 04 64 55 24 53). Vom Strand aus kann man **schwimmen** oder **schnorcheln**.

Tipp

Einfach gut

Das Ambiente: ein stilvoll renoviertes Landhaus, seit 1400 im Besitz der Familie Meneghelli. Die Gerichte: ländlich, aber originell – zu den Spezialitäten zählen etwa Gnocchi di Molche (Kartoffelnocken mit Oliventrester) oder Zisam (mit Zwiebeln eingelegte Süßwassersardinen). Fazit: Das Restaurant €€ **Restel de Fer** lohnt auf jeden Fall den Besuch.

INFORMATION
Via Restel de Fer 10, I-38066 Riva del Garda, Tel. 04 64 55 34 81, www.resteldefer.com

Bei Riva del Garda sind Wind und Wellen gut (oben); in Sirmione ist die Burg Scala in abendliche Stimmung gehüllt (r.o.), die „Grotten des Catull" sind hier eigentlich Ruinen einer römischen Villa (r.u.).

MALCESINE

Die stolze Skaligerburg des 3680-Einwohner-Städtchens 2 **Malcesine** ist, neben dem Pendant in Sirmione, das Wahrzeichen des Gardasees. Nördlich der Piazza Statuto erstreckt sich die malerische **Altstadt**. In der **Skaligerburg** befinden sich zwei Museen. Das **Museo del Garda** informiert über Flora und Fauna rund um den See sowie die geologische Entstehungsgeschichte, das **Museo del Baldo** befasst sich vor allem mit dem „Hausberg" Malcesines, dem **Monte Baldo** TOPZIEL. Vorbei führt der Weg am **Goethesaal** der Burg, in dem Zeichnungen des Dichters vom Castello Scaligero gezeigt werden (Apr.–Okt. tgl. 9.30 bis 19.30, Nov.–März Sa./So. 11.00–16.00 Uhr).

GARDA

Der 4000-Einwohner-Ort 3 **Garda** strahlt den ganzen Charme des Südens aus. Am Fuße des Rocca-Hügels sind Reste von **Pfahlbauten** zu sehen, die von Gardas früher Besiedlung zeugen wie auch die Ruinen eines keltischen Heiligtums auf dem Hügel selbst. Die Palazzi in der Altstadt entstanden im 15. und 16. Jh. unter venezianischer Herrschaft; wohl das schönste Bauwerk ist der **Palazzo del Capitano**. Südlich von Garda fühlen sich Familien mit Kindern in Orten wie **Bardolino** mit seiner hübschen, turbulenten Uferpromenade oder **Lazise** mit zahllosen Campingplätzen an teils sandigen Stränden gut aufgehoben.

SIRMIONE

Schon die Römer nutzten die schwefelhaltigen, über 60° C heißen Quellen am Seeboden, so dass 4 **Sirmione** schnell zum wichtigsten Kurort nördlich von Rom aufstieg. Heute ist die Stadt (8000 Einw.) auf einer Halbinsel am südlichen See ein Touristenmagnet. Die trutzige **Burg** der Familie Scala, Wahrzeichen der Stadt, wurde um 1300 aus hiesigen Ziegelsteinen und Natursteinquadern erbaut. Einzigartig im europäischen Festungsbau ist der ummauerte und mit Zinnen versehene Kastellhafen (Apr.–Sept. tgl. 9.00 –19.00, Okt.–März Di.–So. 9.00 bis 16.00 Uhr). Umgeben von einem Park mit Olivenbäumen liegen die Reste einer großzügigen römischen Villa, die **„Grotten des Catull"**, der Dichter selbst residierte dort aber wohl nie (Sommer Di.–Sa. 8.30–19.30, So. 9.30–18.30, Winter Di.–Sa. 8.30–17.30, So. 8.30–14.00 Uhr). **Relaxen, Wellness** und Baden heißt es im Thermen- und Wellness-Center **Aquaria** (Piazza Virgilio 1; Tel. 03 09 16 81, www.termedisirmione.com, meist tgl. 10.00–22.00 Uhr).

RESTAURANTS
In traumhafter Lage an der Landspitze Punta San Vigilio liegt die exklusive **€ € € € Locanda San Vigilio**. Hier erlebt man den schönsten Sonnenuntergang des Gardasees; die Schickeria fährt hier auch gerne mal mit der Motorjacht vor (Punta San Vigilio, Tel. 04 57 25 66 88, www. locanda-sanvigilio.it). Kulinarisches Highlight in **Torbole,** ca. 4 km östlich von Riva del Garda: Das Fischrestaurant **€ € La Terrazza** (Via Benaco 14, I-38069 Torbole sul Garda, Tel. 04 64 50 60 83, www.allaterrazza.com, Reservierung ratsam).

UNTERKUNFT
Das **€ Beniamino** in Riva del Garda ist ein einfaches Hotel mit hübschem Garten und Sonnenterrasse (Via Brione 54, www.garnibeniamino.it). Im selben Ort wartet das **€ € € Hotel Du Lac et Du Parc** mit 4-Sterne-Luxus in einem riesigen Park am See auf (Viale Rovereto 44, I-38066 Riva del Garda, www.dulacetduparc.com).
Junge Familien und Tenniscracks nächtigen gern in den geräumigen Appartements der **€ € Residence Poiano** mit tollem Blick auf Garda und den See (Via Poiano, www.poiano.com).
Nahe der Skaligerburg von Sirmione liegt das elegante **€ € € Grand Hotel Terme** (Viale Guglielmo Marconi 7, www.termedisirmione.com).

Tipp

Bardolino für Kenner

Qualitativ hochwertigen „Bardolino" oder „Bardolino Superiore", aber auch einen ordentlichen „Lugana" kaufen Kenner und Einheimische gerne hier: bei der **Cantina Sociale** in **Affi.** Die Preise sind überraschend niedrig – trotz der vielen Auszeichnungen.

INFORMATION
Cantina Caorsa, Loc. Caorsa 14, I-37010 Affi, Tel. 04 57 23 55 22, www.cantinacaorsa.com, Mo.–Fr. 9.00–12.00, 14.30–17.30 Uhr

Prachtvoller Barockgarten der Isola Bella (oben); Kuppel des Duomo Nuovo in Brescia (r.o.); den Gardasee immer im Blick (r.u.).

INFORMATION
APT, Largo Medaglie d'Oro al V.M. 5, I-38066 Riva del Garda, Tel. 00 39 04 64 55 44 44, www.gardatrentino.it
Malcesine Più, Via del Capitanato 6, I-37018 Malcesine, Tel. 00 39 04 57 400044, www.malcesinepiu.it
Ufficio Turistico, Piazza Donatori di Sangue 1, I-37016 Garda, Tel. 00 39 04 56 270384, www.visitgarda.com
APT, Viale Marconi 2, I-25019 Sirmione, Tel. 00 39 03 0 91 61 14, www.visitgarda.com

5 Brescia

Die zweitgrößte Stadt der Lombardei (200000 Einw.) weist Kunstschätze vieler Epochen auf.

SEHENSWERT
Von der Bedeutung als römische „Colonia Civica Augusta" zeugen die Überreste des teilweise restaurierten **Kapitolinischen Tempels** (73 n. Chr. unter Vespasian) auf der **Piazza del Foro**. Mit 80 m Höhe ist die Kuppel des **Duomo Nuovo** nach dem Petersdom in Rom und dem Dom in Florenz die größte Italiens. An der **Piazza del Duomo** (auch Piazza Paolo VI.) sind zudem der im 11. Jh. erbaute alte **Dom** zu finden. An der **Piazza della Loggia** findet man den hübschen **Uhrturm** und das **Rathaus** mit venezianisch-lombardischen Renaissanceelementen.

UMGEBUNG
Steile, schroff abfallende Berghänge kennzeichnen das Westufer des reizvollen **Lago d'Iseo** (20 km nordwestl.), während das Ostufer mit beschaulichen Häfen und von Oleander gesäumten Promenaden versöhnt. Der kleine Fischerort **Peschiera Maràglio** auf der Monte Isola ist die größte Insel in einem europäischen Binnensee. Südlich des Iseosees laden die Winzer des Franciacorta z.B. in **Erbusco** (25 km westl.) zur Weinprobe.

INFORMATION
Infopoint Stadtzentrum, Via Trieste 1 - Piazza Paolo VI, I-25121 Brescia, Tel. 00 39 0302400357, www.turismobrescia.it

6 Bergamo

Sie ist zwar nur eine kleine Großstadt (120000 Einw), Bergamo strahlt jedoch imponierend viel Historie aus.

SEHENSWERT
Ein Mauergürtel und 16 Bastionen (1561–1590) sicherten die **Altstadt**. Die **Piazza Vecchia** (1440–1493) mit ihrem von Löwen umgebenen Brunnen bildet zusammen mit dem Domplatz das Zentrum der Oberstadt. Dominierendes Gebäude ist die Kirche **Santa Maria Maggiore**, in deren Langhausfassade ab 1472 die Cappella Colleoni mit den Gräbern der Familie Colleoni eingebaut wurde.

UNTERKUNFT
€ € € La Valletta Relais liegt zwar in den grünen Hügeln, doch nur 1 km vom Zentrum entfernt (Via Castagneta 19, www.lavallettabergamo.it).

UMGEBUNG
In **Naquane** ca. 80 km nordwestl. lohnt der archäologische Parco Nazionale delle Incisioni Rupestri di Naquane (westl. der Gemeinde

„Wie sehr wünschte ich meine Freunde einen Augenblick neben mich, daß sie sich der Aussicht freuen, die vor mir liegt." Goethe in Torbole

Capo di Ponte an der Staatsstr. 42) mit den zum UNESCO-Welterbe zählenden Felsgravuren im **Valcamonica** TOPZIEL.

INFORMATION
Ufficio IAT Bergamo – Città Bassa, Viale Papa Giovanni XXIII 57 c/o Urban Center, I-24121 Bergamo, Tel. 00 39 / 03 5 21 02 04
Ufficio IAT Bergamo – Città Alta, Via Gombito 13, I-24129 Bergamo, Tel. 00 39 / 03 5 24 22 26, www.comune.bergamo.it

7 Como

Ihre Seidenmanufakturen machten die 87 000-Einwohner-Stadt im 18. Jh. wohlhabend.

SEHENSWERT/MUSEEN
Der von 1396 an bis ins Renaissance-Zeitalter erbaute **Dom** gilt als ein Meisterwerk der Steinmetzkunst. Im Inneren sind wertvolle Gobelins (16./17. Jh.) zu bestaunen. Eine Zahnradbahn fährt von der Piazza Funicolare zum Vorort **Brunate**. Das **Museo didattico della Seta** dokumentiert die Geschichte der Seidenindustrie in Como (Via Castelnuovo 9, Di.–Fr. 9.00–12.00, 15.00–18.00 Uhr).

UMGEBUNG/UNTERKUNFT
Nächtigen, wo sich schon Clark Gable oder Caroline von Monaco entspannt haben: **Cernobbio** im Luxushotel **€ € € € Villa d' Este** (Via Regina 40, www.villadeste.it). Mittelalter-Flair pur gibt es im Ortskern von **Bellagio**.

INFORMATION
Ufficio Informazioni Turistiche, Piazza Cavour 17, I-22070 Como, Tel. 00 39 / 03 1 26 97 12, www.lakecomo.it

8 Lago Maggiore

Der zweitgrößte oberitalienische See.

SEHENSWERT
Am Westufer gibt es mondäne Kur- und Fremdenverkehrsorte wie **Baveno** oder **Stresa** mit prächtiger Uferpromenade und dem luxuriösen Jugendstilhotel **€ € € € Îles des Borromées** (Corso Umberto I. 67, www. borromees.it). Die hübsche Stadt **Verbania** ist Ausgangspunkt für eine Linienschiffsfahrt zu den **Borromäischen Inseln**. Auf der **Isola Bella** steht ein pächtiges Barockschloss (www.isoleborromee.it, Mitte März–Mitte Okt. tgl. 9.00–17.30 Uhr). **Isola Madre** ist berühmt für die Kamelienblüte im Frühjahr (www.isoleborromee.it, Mitte März bis Mitte Okt. tgl. 9.00–17.30 Uhr).

UMGEBUNG
Ca. 15 km westl. des Lago Maggiore bietet der **Ortasee** viel Raum und Ruhe.

INFORMATION
Ufficio IAT di Stresa, Piazza Marconi 16, I-28838 Stresa, Tel. 00 39 / 03 2 33 01 50, www.illagomaggiore.com

Genießen Erleben Erfahren

DuMont Aktiv

Der Gardasee von oben

Mit der Seilbahn in eine andere Welt: Von Malcesine aus fährt man in rund zehn Minuten hinauf auf den Monte Baldo, der auf über 30 Kilometern Länge das Ostufer des Gardasees vom Etschtal trennt. In mehr als 2000 Metern Höhe bietet Europas größter botanischer Garten ideale Freizeitmöglichkeiten für sportlich Aktive – und viel Natur pur.

Jubel, Trubel, Heiterkeit herrschen am Gardasee (fast) allerorten, auch die faszinierende Bergwelt des „Benacus", wie der rund 370 km² große, bis zu 346 m tiefe See einst bei den Römern hieß, ist längst zur Sportarena für adrenalinsüchtige Freizeitaktivisten mutiert. Und doch lässt sich der 2218 m hohe Monte Baldo, von dessen Höhe man atemberaubende Ausblicke auf die Südalpen genießt, auch auf eine viel geruhsamere und vielleicht sogar noch intensivere Art genießen: beim Wandern nämlich. Und da heißt es die Augen aufhalten, um all die kleinen und feinen Natursehenswürdigkeiten am Wegesrand nicht zu übersehen. Der gewaltige Rücken des nördlich von Torri del Benaco bis nahe an den See heranreichenden Hausbergs der Gardesaner blieb einst von den Gletschern der Eiszeit unberührt, weshalb hier (und am besonders bei Mountainbikern beliebten Monte Tremalzo) noch viele, teils endemische Reliktpflanzen bis heute überdauerten.

Naturparadies per Pedes. Idealerweise startet man seine Exkursion in „Europas größtem botanischen Garten" schon frühmorgens mit der (dann noch nicht so überfüllten) Seilbahn von Malcesine aus. In zwei Etappen führt die Bahn hinauf auf den Monte Baldo. Dort genießt man den Gardasee von oben – und macht sich auf den Weg.

Nuova Funivia con cabine rotanti

Nur Fliegen ist schöner, mag sich mancher auf dem zweiten Streckenabschnitt denken, denn da drehen sich die Kabinen während der Fahrt um sich selbst und ermöglichen den Gästen ein faszinierendes Rundumpanorama. Oben angekommen, gibt es zahlreiche (markierte) Möglichkeiten zum Wandern – je nach Gusto und Kondition.

Betriebszeiten
tgl. 8.00–18.00 Uhr
www.funiviedelbaldo.it

MARTINI

Von Königen, Rindviechern und (Trüffel-) Schweinen

Schon Friedrich Nietzsche war begeistert und sprach von den „schönsten Cafés Italiens“. Natürlich ist es nicht nur der hervorragende Espresso, der in die Olympiastadt Turin lockt. Piemont und Aostatal haben auch sonst eine ganze Menge zu bieten. Die höchsten Gipfel des Landes bilden eine natürliche Barriere zur Schweiz und nach Frankreich. Die besten Weine gedeihen rund um Barolo. Und auch der längste Fluss Italiens, der Po, entspringt am Monte Viso.

So viel Zeit muss sein: auf einen Espresso (und einen Blick in die Tageszeitung) ins Caffè Malabar in Turin

Baratti & Milano wurde 1858 an Turins Piazza Castello als Zuckerbäckerei gegründet. Kurze Zeit später avancierte man zum Hoflieferanten des Hauses von Savoyen.

Weithin sichtbar überragt die 167,5 Meter hohe Mole Antonelliana die Stadt.

Riesige Fenster, durch die das Licht einströmt, breite Treppen, weite Räume, prachtvolle barocke Verzierungen – der Palazzo Madama in Turin kann sich wahrlich sehen lassen. Heute beherbergt er das Städtische Museum für Alte Kunst.

Shoppen mit Stil wie vor hundert Jahren kann man in der historischen Ladengalerie in Turin.

Nirgendwo sonst scheint der Espresso so gut zu sein wie im Caffè Lavazza in Turin.

Ein Zischen. Untertassen schlagen scheppernd auf. Mit einem hastigen „si, prego?" nimmt Luigi die Bestellungen entgegen. Wirbelt herum, dreht an Knöpfen. Füllt Milch ein. Drückt zwei Schalter herunter. Klopft zugleich zwei Siebträger ab. Ein Scheppern – und dann dieser weiche, schokoladige Bohnenduft! Nirgendwo sonst scheint der Espresso so gut zu sein wie im Caffè Lavazza in Turin.

Hauptstadt des Königreichs

Wenn ein guter Barista – Herr und Meister der Espressi – König ist in Italien, dann ist Luigi Kaiser. Denn er arbeitet in einer Stadt, die in ganz Norditalien bekannt ist für ihre erlesene Kaffeekultur, die Namen hat wie Fiorio, Platti, Bicerin oder eben Lavazza, jenen Röster, der von Turin auszog, um die Welt das Espressotrinken zu lehren. Doch stolz ist Luigi, wie jeder gute Torinese, auf etwas ganz anderes: Nein, nicht auf die prunkvollen Barockbauten rund um die Piazza Castello oder das tolle Nachtleben seiner Heimatstadt. Er ist vielmehr stolz auf die Tatsache, dass in Turin die Geschichte des geeinten Italien begann: Immerhin war Turin in den Jahren von 1861 bis 1865 Hauptstadt des Königreichs. Darüber hinaus ist Turin die Geburtsstadt von König Vittorio Emanuele II., den nicht wenige im Land auch heute noch verehren.

Die unterschätzte Stadt

Die vielen jungen Leute, die in den letzten Jahren nach Turin zogen, haben hier, verglichen mit den Einwohnern der Erzrivalin Mailand, leichtes Spiel, denn die Stadt wird von vielen unterschätzt. Die Lebenshaltung ist zwar teuer, aber die Kosten sind doch nicht so horrend wie im großen Rest Norditaliens. Die Mieten hier kann sich, wer Arbeit hat, meist auch leisten. Mehr ins Geld gehen da schon die Vergnügungen, die diese Stadt, die seit den Olympischen Spielen im Jahr 2006 deutlich an Ansehen gewann, zu bieten hat – Ausgehmeilen wie die Docks Dora im Norden, die Murazzi an den Kaianlagen, Museen wie das Egizio, dessen altägyptische Sammlung es beinahe mit dem Kairoer Pendant aufnehmen kann, Schlemmertempel und vieles andere mehr. Besonders kostspielig sind natürlich die regelmäßigen Wochenend-Trecks in die nahen Berge, zum Wandern, Skifahren, Mountainbiken und zum Klettern.

Steinböcke und Steinmauern

Apropos Berge. Keinesfalls versäumen sollte man jenen berühmten Blick über Turin vor dem Alpenpanorama, den es

Die romanisch-gotische Kathedrale Sant'Evasio im nordöstlich von Asti am Po gelegenen Casale Monferrato stammt ursprünglich aus dem Jahr 742, wurde aber im 12. Jahrhundert neu errichtet.

Spargel macht den Händler froh – und den Käufer ebenso.

In Vercelli ist man ganz besonders stolz auf die Basilika Sant' Andrea im gotischen Stil, wie ihre Arkaden oben im Bild.

Special

Parco Nazionale del Gran Paradiso

Leben (und überleben) im Jagdrevier

Vittorio Emanuele II. war es, der das Gran-Paradiso-Massiv zum königlichen Jagdrevier erklärte. Selbst ein leidenschaftlicher Jäger, sicherte er auf diese Weise das Überleben des Steinbocks. In dem geschützen Refugium südlich des jahrhundertelang zum Haus Savoyen gehörenden Aostatals konnte und kann der Steinbock sich prächtig entwickeln.

Drei von heute rund 35000: Steinböcke

Der rund 700 km² große Nationalpark rund um den 4061 m hohen Gran Paradiso, den höchsten Berg der Grajischen Alpen, wurde bereits im Jahr 1922 als erster Nationalpark Italiens eingerichtet. Zugang zum Park bieten die drei westlich von Aosta nach Süden abzweigenden Täler Val di Rhêmes, Val Savarenche und Val di Cogne. Den nachhaltigsten Eindruck aber hinterlässt der Zugang über die zum 2612 m hohen Colle del Nivolet im Südwesten des Nationalparks hinaufführende Straße. Von Ivrea geht die Fahrt gen Westen nach Cuorgnè und von dort ins Valle di Locana, wo das Landschaftsbild schnell hochalpine Züge annimmt. Oben am Pass zeigt sich der Gran Paradiso mit seiner faszinierenden Gletscherwelt grandios, und mit ein wenig Glück kann man auch Adler, Murmeltiere und ein paar Steinböcke beobachten.

nirgendwo schöner zu sehen gibt als von der klassizistischen Basilica di Superga. Noch näher kommt man dem Gebirge im Aostatal, wo man die Nähe zu Frankreich – räumlich und traditionell auch politisch – allerorten an der Zweisprachigkeit feststellt. In Courmayeur kann, wer mag, mit der Funivia del Monte der schönen Miss Bella Italia mal aufs Dach steigen, sprich: anderthalb Stunden über den Gletscher des Monte Bianco (Montblanc) gondeln, mit 4810 Metern Höhe der höchste Alpengipfel, oder vor der Kulisse des immerhin auch noch 4061 Meter hohen Gran Paradiso Steinböcke beobachten.

Riesenrummel um Rindviecher

Aosta selbst, die Hauptstadt der autonomen Region Valle d' Aosta/Vallée d' Aoste, überrascht mit einer gut erhaltenen steinernen Stadtmauer aus der Römerzeit, die, bestückt mit 20 Türmen, von der Zeit zeugt, da Aosta ein strategisch wichtiges Militärlager zu Ehren von Kaiser Augustus war. Einen Riesenrummel gibt's übrigens an jedem dritten Sonntag im Oktober um die Rindviecher der Region: Bei der „Bataille des Reines" messen sich Kühe unter anderem im Kampf, in der Schnelligkeit, im Milchertrag und in einer Schönheitskonkurrenz. Ein schönes Spektakel.

Da hat er gut lachen: Das Öffnen einer Flasche duftenden Barolo
bereitet dem Kellner sichtlich Freude.

Fast so hell wie der weiße Trüffel aus
Alba sind die Fassaden der Stadt.

Besonders kleidsam:
ein Borsalino aus Alessandria

Wie aus einem Märchen entsprungen zeigt sich die Burg Aymavilles bei Cogne zauberhaft und wildromantisch.

Die wirkliche Genießerregion des Piemont heißt Langhe, sie ist die Heimat etwa des Torrone, der süßen Sünde aus Zucker, Honig und gerösteten Haselnüssen.

Hort der Lebensfreude

Wie ein urplötzlich erstarrtes, grünes, wogendes Meer breiten sich die rebenbekrönten Hänge rund um Asti südöstlich von Turin aus. Ein Hort der Lebensfreude ist diese alte Handelsstadt, in der auch der heißblütige Dichter Vittorio Alfieri geboren wurde, einer der großen europäischen Literaten, der für die Einheit Italiens warb.

Süße Sünden im Piemont

Asti ist auch bekannt für seinen prickelnden Spumante. Die wirkliche Genießerecke des Piemont aber hat einen eigenen Namen: die Langhe, Heimat etwa des Torrone, der süßen Sünde aus Zucker, Honig und gerösteten Haselnüssen, Heimat der exquisiten weißen Trüffel von Alba und der schwarzen Edelpilze. Nicht zuletzt auch die Heimat der Slow-Food-Bewegung, die, im Jahr 1986 gegründet, nun mehr als 30000 Mitglieder in ganz Europa hat. In der Langhe reifen zudem Italiens Edelweine – Barolo und Barbaresco, berühmt geworden durch Winzer wie Giovanni und Angelo Gaja, bekannt für ihr feines Waldbeerenaroma und elegantes Säurespiel. Die Piemonteser haben jedoch einen anderen Wein zu ihrem Favoriten ernannt: den leckeren Dolcetto d'Alba mit seiner weichen, runden Pflaumennote – überall günstig zu haben. Und gut.

Die größten Gaumenfreuden

Prosciutto, Trüffel, Parmigiano …

NordItalien ist ein Paradies für kulinarische Genießer. Sind Sie auf Diät, sollten Sie um manche Orte einen weiten Bogen machen, oder besser: Machen Sie um Ihre Diät einen weiten Bogen. In vielen Gegenden wie dem Piemont, der Emilia-Romagna, dem Friaul und der Lombardei locken Versuchungen an allen Ecken und Enden. Geben Sie ihnen nach, es lohnt sich!

1 Bier aus Körnern

Bei „Italien" fällt einem meist Pizza und Pasta ein, seltener Reis. Dabei ist Italien der größte Reisproduzent Europas. Vor allem im Piemont wird diese Getreideart angebaut, genauer gesagt um Vercelli, Novara, Biella und Pavia. Vercelli verfügt sogar über eine Reisbörse, wo die Verkaufspreise ausgehandelt werden. Unzählige Geschäfte bieten hier neben Pasta und Reis in allen Formen und Farben auch Pasta aus Reis an. Selbst Bier wird hier aus Reiskörnern gebraut – in der Brauerei Sant´Andrea.

BSA Birrificio Sant´Andrea, Via Cima Dodici 22, I-13100 Vercelli, Mo.–Di. 9.00–12.30, 14.30–19.30, Mi.–So. 9.00 bis 12.30 und ab 14.30 Uhr

2 Kostbare Knolle

Das Piemont ist ein Trüffel-Eldorado. Für Feinschmecker und Freunde von Trüffeln ist die Fiera del Tartufo in Alba der Höhepunkt des Jahres, die internationale Trüffelmesse, die von Mitte Oktober bis Mitte November stattfindet. Bei den Unmengen der edlen Knolle, die hier an den fünf Herbstwochenenden auf dem Trüffelmarkt in allen Größen und Formen zum Verkauf angeboten werden, stockt einem der Atem. Sie dürfen auch Trüffelgerichte probieren, kreiert von nationalen und internationalen Spitzenköchen.

Trüffelmesse in Alba: www.fieradeltartufo.org

3 Zwei Tage nichts als Käse

Finden Sie heraus, wie unterschiedlich Gorgonzola schmecken kann! An einem Wochenende Mitte September veranstaltet das Örtchen Gorgonzola, 25 km östlich von Mailand, alljährlich das Gorgonzola-Festival, wo Sie an zahllosen Ständen die verschiedensten Varianten des berühmten Blauschimmelkäses aus Kuhmilch probieren und vergleichen dürfen. Gorgonzola wird übrigens auch in anderen Orten im Piemont und in der Lombardei produziert.

Gemeinde Gorgonzola, Via Italia 62, I-20064 Gorgonzola, Tel. 02 95 70 11, www.comune.gorgonzola.mi.it

4 Im Mund zerknuspern lassen

Wie erkennt man guten Parmesan (s. S. 97)? Am aromatischen Duft! Am würzigen Geschmack! Und die Salzkristalle müssen im Mund zerknuspern! Hergestellt wird der original Parmigiano Reggiano in mehreren Provinzen Oberitaliens. Im Parmesan-Museum in Soragna, 30 km nordwestlich von Parma, können Sie die Handwerkskunst des Käsemachens bestaunen; am Ende erwartet Sie natürlich eine Käse-Kostprobe. Besuchen Sie auch einmal eine der zahlreichen Käsereien!

Museo del Parmigiano-Reggiano, Via Volta 5, I-Soragna, www.soragna-tourism.com, März–Nov. Sa. und So. 10.00–13.00,15.00–18.00 Uhr

Liste der Parmesan-Käsereien: www.parmigiano-reggiano.it

5 Prosciutto mit Wein

Nicht nur Parma (s. S. 98), auch San Daniele, 23 km nordwestlich von Udine, hat einen sehr edlen luftgetrockneten Rohschinken zu bieten. Besuchen Sie das Städtchen gegen Ende Juni zum traditionellen Schinkenfest „Aria di Festa", wenn der gesamte Ort herrlich nach Prosciutto duftet! Bereits vorab, bei der klassischen Schinkenverkostung am Vorabend des offiziellen Beginns, bekommen Sie einen Vorgeschmack auf die kulinarischen Attraktionen der nächsten Tage: Dann werden Ihnen Kostproben mit aufgeschnittenem Schinken gereicht – und dazu ein Glas Wein aus Friaul. Ein beschwingtes Fest!
www.ariadifesta.it

6 Delikater Balsamico

Die Herkunft des Aceto Balsamico di Modena (s. S. 95f.) ist bis heute ungeklärt. Historisch belegt ist aber, dass die oberitalienischen Herzöge von Este und von Modena ihn sorgfältig bewachen ließen. Im Essigmuseum von Spilamberto, 17 km südöstlich von Modena, erfahren Sie nicht nur die Geheimnisse des delikaten Balsamico-Essigs, sondern können auch sonntags 9.00–12.00 Uhr (sonst nach Voranmeldung) an Aceto-Verkostungen teilnehmen. Statten Sie auch der Essigfabrik Malpighi in Modena einen Besuch ab. Vielleicht entdecken Sie dort Ihren Lieblingsessig.

Museo dell'aceto balsamico tradizionale e acetaia comunale, Villa Fabriani, Via Roncati 28, I-41057 Spilamberto, www.museodelbalsamicotradizionale.org, Di. bis So. 9.30–13.00, 15.00 bis 19.00 Uhr
Acetaia Malpighi, Via Barca 20, I-41126 Modena San Donnino, www.acetaiamalpighi.it

7 Beste ihrer Art

In Kennerkreisen gilt der Felino als die beste Salami Italiens. Dieser Klassiker wird aus dem Fleisch hergestellt, das als Grundlage für den echten Parma-Schinken dient. Der geringe Fettgehalt und das zarte Fleisch machen diese Salami zu einem Hochgenuss. Die Salami der Extra-Klasse kommt aus dem Herzen des Parma-Gebietes. In Felino, 15 km südwestlich von Parma, erhebt sich eine trutzige mittelalterliche Burg, in deren Untergeschoss sich das Museum der Salami befindet. Es informiert über die Geschichte der in der Region hergestellten Salami.

Museo del Salame di Felin, Castello di Felino, Strada al Castello 1, I-43035 Felino, www.museidelcibo.it, März–Nov. Sa. und So. 10.00–13.00,15.00–18.00 Uhr

SCHWEIZ
FRANCE
Valle d'Aosta
Vallée d'Aoste
Parco Nazionale del Gran Paradiso
Aosta
Biella
Vercelli
NOVARA
Varese
Como
MONZA
MILANO
Pavia
Vigevano
TORINO
Moncalieri
Asti
ALESSANDRIA
Alba
Pinerolo
Saluzzo
Briançon
Maßstab 1:800.000

Kaffee, Kultur und Kaffeekultur

Vor der Winterolympiade 2006 wurde Turin von vielen unterschätzt – ein Fehler, den man heute nicht wiederholen sollte. Aber auch die gesamte Region bietet noch manch verborgene Schätze.

1 Aosta

Annähernd auf halber Strecke des langen Flusslaufs der Dora Baltea liegt Aosta in einem weiten Becken zwischen sonnenbeschienenen Weinbergen. In der 36000-Einwohner-Stadt zeugen bis heute noch Bauwerke von der reichen römischen Vergangenheit. Zweite Amtssprache ist übrigens Französisch.

SEHENSWERT

Die **römische Stadtmauer** mit ihren 20 Türmen umrahmt noch immer die rechteckig angelegte Innenstadt. Über die zentrale Piazza Chanoux mit dem **Rathaus** (1839) und die **Porta Praetoria** (früheres Osttor) gelangt man zur nördlicher gelegenen Ruine des **römischen Theaters** mit der 22 m hohen Bühnenwand. Der **Augustusbogen** am Ende der Via Sant'Anselmo entstand 25 v.Chr. In der Kirche **Sant'Orso** sind vor allem das kunstvolle Chorgestühl (15. Jh.), die Krypta (11. Jh.) und im Dachraum die Reste ottonischer Fresken (um 1000) sehenswert.

VERANSTALTUNGEN

Fiera di Saint'Orso (Kunsthandwerksmesse), 30./31. Jan.; Bataille des Reines (Kuh-Kämpfe), 3. So. im Okt.

RESTAURANTS

Typisch valdostanische Gerichte, wie zum Beispiel Gans oder Wildspezialitäten, kredenzt man in der **€ € Osteria dell'Oca** (Via Aubert 15, Tel. 01 65 23 14 19, www.ristoranteosteria-delloca.com). Auf Polentagerichte hat sich die **€ € Osteria da Nando** spezialisiert (Via S. Anselmo 99, Tel. 01 6 54 44 55, www.osteriannando.com).

UMGEBUNG

Courmayeur (35 km nordöstlich) am Fuß des **Montblanc** TOPZIEL (Monte Bianco) hat sich als anspruchsvollstes Skizentrum der gesamten Aosta-Region etabliert und bietet im Sommer fantastische Bergwander- sowie Klettermöglichkeiten. Wandermöglichkeiten gibt es im **Parco Nazionale Gran Paradiso** TOPZIEL (ab St. Pierre), in dem man mit nur etwas Glück vor der Kulisse des mächtigen Gran Paradiso (4061 m) sogar die dort heimischen Steinböcke erspähen kann.

Ski-Saison genießen in Courmayeur (oben), im Turiner Dom wird das vermeintliche Grabtuch Jesu aufbewahrt (o. r.), Alba ist für seine Trüffel bekannt (u.r.).

INFORMATION

Ufficio del Turismo Aosta, Piazza Porta Praetoria 3, I-11100 Aosta, Tel. 00 39 / 01 65 23 66 27, www.regione.vda.it

2 Turin

Fällt der Name der Hauptstadt (902000 Einw.) des Piemont, dann denken viele an Fiat, den Fußballclub Juventus, Verkehrschaos und Nebel, nicht jedoch an malerische Altstadtzeilen, prächtige Kirchen oder Paläste. „Tarasia", die blühende Siedlung der keltisch-ligurischen Tauriner, wurde unter Kaiser Augustus im Jahr 28 v. Chr. zum Militärstützpunkt Augusta Taurinum erhoben. Später war Turin langobardisches Herzogtum. Ende des 11. Jh. rückte die Stadt in den Blickpunkt der Savoyer, die ab 1563 ihre Hauptstadt vom französischen Chambéry in das damals noch unbedeutende Turin verlegten und in der Folge das heutige Stadtbild prägen sollten. Vor allem unter Carlo Emanuele I. (1580–1630) wurde der Ausbau der Stadt zur glanzvollen Residenz im großen Stil vorangetrieben. Zwischen dem 17. und 18. Jh. entstand rund um die Piazza Castello eines der schönsten Architekturensembles in Europa. 1861 bis 1865 war Turin die Hauptstadt des Königreichs Italien, ehe mit Gründung der Automobilwerke von Fiat und Lancia, der Ansiedlung von Betrieben wie Lavazza oder Martini & Rossi die Industrie für Wohlstand sorgte.

SEHENSWERT

In der Mitte der **Piazza Castello**, die das Herz der Altstadt bildet, thront der **Palazzo Madama**, erbaut im 13. und erweitert im 15. Jahrhundert. Der Palast beherbergt das Städt. Museum für Alte Kunst. Das nördliche Ende des Platzes bildet der **Palazzo Reale** (Ende 17. Jh., Di.–So. 8.30–19.30 Uhr) mit einem bemerkenswert prächtigen Interieur, etwa der glanzvollen Scala delle Forbici (Scherentreppe). Über den Palasthof erreicht man die **Königli-**

chen Gärten. Im Ostflügel des Ehrenhofs ist die gewaltige Waffensammlung der **Königlichen Rüstkammer** zu sehen (Di.–So. 8.30–19.30 Uhr). Gegenüber dem Palast erhebt sich, ebenfalls an der Piazza Castello, die barocke Theatinerkirche **San Lorenzo**, deren schlichte Fassade über den formenreichen Innenraum (1666–1687) hinwegtäuscht. Gleich daneben birgt die Kathedrale **San Giovanni Battista** die 1668 bis 1694 von Guarini erbaute **Cappella della Sacra Sindone**. Dort wird, über dem Hochaltar von Antonio Bertola (1694), eine Kopie des berühmten mutmaßlichen Leichentuchs Christi aufbewahrt (tgl. 9.00 bis 12.00, 15.00–19.00 Uhr). Eines der schönsten Beispiele piemontesischen Barocks zeigt der **Palazzo Carignano** (1679–1684, Via Accademia delle Scienze 5/Piazza Carignano, Di. bis So. 10.00–18.00 Uhr), ein Meisterwerk von Guarini. Hier wurde 1820 Vittorio Emanuele II., der spätere König Italiens, geboren. An der prächtigen **Piazza San Carlo** (1642–1650) grüßen die Zwillingskirchen **San Carlo** und **Santa Cristina**. In einer östlichen Seitenstraße der im 17. Jh. angelegten Via Po ragt das Wahrzeichen Turins auf, die **Mole Antonelliana** (Via Montebello 20, Di.–Fr. und So. 10.00 bis 20.00, Sa. 10.00–23.00 Uhr). Mit 167,5 m ist sie das höchste in Mauerwerk ausgeführte Bauwerk Europas; von der Aussichtsgalerie hat man einen tollen Blick über Turin. Die Via Po mündet in die arkadengesäumte Piazza **Vittorio Veneto** und in die Ponte Vittorio Emanuele, die Napoleon in Auftrag gegeben hatte. **Gran Madre di Dio**, die klassizistische Kirche gegenüber, wurde 1827 bis 1831 nach Ende der napoleonischen Besatzung anlässlich der Rückkehr der Savoyer als Kopie des Pariser Pantheons gebaut. Ein kleiner Spaziergang führt von der Piazza zu den um 1830 gebauten **Murazzi**, den Kai-Anlagen, heute eine der Ausgehmeilen Turins. Von hier aus gibt es 45-minütige Schiffsrundfahrten auf dem Po (Via Murazzi 65, Tel. 80 00 19 15 2). Auch nach mehr als 120 Jahren erweist sich das zur Nationalausstellung von 1884 eingeweihte **Borgo Medievale** im Park als Besuchermagnet (Viale Virgilio 107/Parco del Valentino, www.borgomedioevaletorino.it, tgl. 9.00–19.00, im Sommer bis 20.00 Uhr). Die Nachbildung eines spätmittelalterlichen Burgdorfs dokumentiert das Leben im 15. Jahrhundert. Im **Lingotto** (Via Nizza 280) befanden sich von 1923 bis 1983 die Autofertigungshallen und Versuchsrampen sowie, auf dem Dach, die Teststrecke der Fiat-Werke. Der Architekt Renzo Piano schuf hier ein Messe- und Kongresszentrum.

Tipp

Stadt der Kaffeehäuser

Turins Kaffehäuser locken – an kühlen Tagen mit dem Bicerin, einer leckeren Mischung aus Schokolade, Kaffee und Milch, der im Al Bicerin (Piazza della Consolata) erfunden wurde. Schon 1780 wurde das Fiorio (Via Po 8) eröffnet; die damalige Einrichtung ist noch gut erhalten. Das Caffè Lavazza (Via San Tommaso 10) wurde 1895 vom gleichnamigen Kaffeehersteller als erste Rösterei eröffnet. Ein weiteres stilvolles Kaffeehaus ist das Caffè Platti (Corso Vit. Emanuele II 72).

Außergewöhnliches Ambiente in der Enoteca Regionale del Barolo (o.); Schaumwein und das Palio-Pferderennen gibt es in Asti (r.o./u.)

MUSEEN

Mehr als 15000 Gemälde, Skulpturen, Fotografien und andere Werke von Künstlern wie Chagall oder Picasso sind in der **GAM Galleria Civica d'Arte Moderna e Contemporanea** zu sehen (Via Magenta 31, www.gamtorino.it, Di. bis So. 10.00–18.00 Uhr). Leonardo da Vincis weltberühmtes Selbstporträt und andere Zeichnungen sind in der **Biblioteca Reale** (Piazza Castello 191, www.bibliotecareale.beniculturali. it, Mo.–Fr. 8.15–18.45, Sa. 8.15–13.45 Uhr) ausgestellt. Kunst und Möbel von der Gotik bis ins 18. Jh. zeigt die **Galleria Sabauda** (Manica Nuova di Palazzo Reale, Via XX Settembre 88, www.galleriasabauda.beniculturali.it, Di.–So. 9.00–18.30 Uhr). Eine der größten Porzellan- und Keramiksammlungen Europas, sowie wertvolle gotische und romanische Skulpturen gibt es im **Museo Civico d' Arte Antica** (Palazzo Madama, Di.–Sa. 10.00–18.00, So. 10.00–19.00 Uhr). Die Geschichte des Turiner Grabtuchs und die Forschungsarbeiten beschreiben die Exponate des **Museo della Sindone** in der Via San Domenico 28 (www.sindone.it, tgl. 9.00–12.00 und 15.00–19.00 Uhr). Turin als Italiens Film-Hauptstadt Anfang der 1920er Jahre dokumentiert das **Museo Nazionale del Cinema** (Mole Antonelliana, Via Montebello 20, www.museocinema.it, Di.–Fr. u.So. 9.00 –20.00, Sa. 9.00–23.00, Panoramalift Di. bis Fr. und So. 10.00–20.00, Sa. 10.00–23.00 Uhr). Die Geschichte des Automobils zeigt das **Museo Nazionale dell'Automobile** mit mehr als 150 Exponaten (Corso Unità d'Italia 40, www. museoauto.it, Mo. 10.00–14.00, Di. 14.00–19.00, Mi., Do., So. 10.00–19.00, Fr., Sa. 10.00–21.00 Uhr). Eines der Highlights ist das **Museo Egizio** im Palazzo dell'Accademia – es besitzt nach dem Ägyptischen Museum in Kairo die größte Sammlung ägyptischer Altertümer (Via Accademia delle Scienze 6, www. museoegizio.it, Mi.–Fr. 9.30–16.30, Sa.,So. 9.30–18.30 Uhr).

AKTIVITÄTEN

Bowling in Europas größtem Bowlingcenter Mirafiori (Corso Unione Sovietica 493).

VERANSTALTUNGEN

Turin Jazz Festival (letzte Aprilwoche, www.torinojazzfestival.it), Turiner Autosalon (Salone dell'automobile di Torino, April/Mai).

EINKAUFEN

Gran Bâlon-Markt (Flohmarkt), jeden zweiten So. im Monat hinter der Porta Palazzo.

RESTAURANTS

€ € Al Gatto Nero ist eine gastronomische Institution Turins, insbesondere bekannt für die Kutteln und den Stockfisch (Corso Turati 14, Tel. 01 15 90 41 4). Das **€ € € Sotto La Mole**, direkt unter der Mole Antonelliana, besticht mit gepflegtem Ambiente, ausgezeichnetem Service und einer hervorragenden piemontesischen Küche (Via Montebello 9, Tel. 01 18 17 93 98, www. sottolamole.eu). Das **€ Spada Reale** liegt mitten im Stadtzentrum, in der Nähe der Piazza Veneto und hat ein fantasievolles Speisenangebot (Via Principe Amadeo 53, Tel. 01 18 17 35 09).

UNTERKUNFT

Das **€ € Hotel Amadeus** ist ein kleines, eher familiäres und doch zentral gelegenes Haus (Via Principe Amedeo 41 bis, Tel. 01 18 17 49 51, www. hotelamadeustorino.it). Das beste Preis-Leistungs-Verhältnis bietet das betagte **€ € Hotel Roma e Rocca Cavour**. Zentral am Bahnhof gelegen, sind viele Sehenswürdigkeiten gut zu Fuß zu erreichen (Piazza Carlo Felice 60; Tel. 01 15 61 27 72, www.romarocca.it).

INFORMATION
Ufficio del Turismo (Piazza Castello/ Via Garibaldi) oder Bahnhof Porta Nuova oder Flughafen Caselle International, I-10121 Torino, Tel. 00 39 / 01 15 35 18 1, www.turismotorino.org

3 Asti

Fällt der Name der 75000-Einwohner-Stadt, denkt man sofort an spritzige, zumeist süße Schaumweine – längst ein Qualitätsprodukt wie viele andere einst verrufene Weine auch.

SEHENSWERT
Den Namen des in Asti geborenen Dramatikers Vittorio Alfieri (1749–1803) trägt die zentrale, arkadengesäumte **Piazza Alfieri**. Von dort gelangt man zur **Piazza San Secondo** mit der gleichnamigen, im 14. und 15. Jh. erbauten Kirche. Zum barockisierten Innenraum gehört eine schöne romanische Hallenkrypta. Vorbei an dem eindrucksvollen Geschlechterturm **Torre Comentina** (13. Jh.) führt der Weg über den von schönen Palazzi gesäumten **Corso Alfieri** zur **Cattedrale di Santa Maria Assunta e San Gottardo** (Fr.–Mi. 8.30–12.00 und 14.00–17.30 Uhr, Do. nur nachm.). Der gotische Innenraum wurde später mit herrlichen Fresken im Rokokostil bemalt.

VERANSTALTUNGEN
Weit über die Grenzen der Region hinaus bekannt ist der kunterbunte **Palio**, Höhepunkt der Weinmesse Douja d'Or. Jedes Jahr am 3. Sonntag im September treten die 14 Stadtteile von Asti bei Pferderennen gegeneinander an (www.palio.asti.it). Mit dabei sind viele Gaukler und Artisten.

UMGEBUNG
Die „Trüffel-Hauptstadt" **Alba** 30 km südwestl. ist im Oktober Schauplatz der wichtigsten Trüffelmesse Italiens, die mit dem Palio degli Asini, dem „Eselslauf" ihren Höhepunkt findet. In dieser Zeit werden auf dem malerischen, seit 1171 stattfindenden Wochenmarkt (Sa., Piazza di Risorgimento) auch frische schwarze Trüffel angeboten. Nur 750 Einwohner hat das dennoch weltbekannte Dörfchen **Barolo**, 40 km südwestl. von Alba. Im legendären Weinkeller des Castello der Bankiers- und Händlerfamilie Falletti (um 1325) befindet sich heute die Enoteca Regionale del Barolo, in der es viele Infos über die Geschichte des Barolo und auch Verkostungsmöglichkeiten gibt (Tel. 01 73 56 277, www. enotecadelbarolo.it, Do.–Di. 10.00–17.00 Uhr). Hut-Fans steuern die Stadt **Alessandria** (45 km östl. von Asti) an, wo Giuseppe Borsalino 1857 mit der Produktion von Filzhüten begann (Direktverkauf Borsalino-Hüte: La Fabbrica dell' Oro, Via Circonvalazione Ovest 14, Valenza, Tel. 01 31 94 31 95).

INFORMATION
Servizio Manifestazioni e Turismo, Piazza San Secondo, 1, Tel. 00 39 / 01 41 39 94 82, www.comune.asti.it

Genießen Erleben Erfahren

DuMont Aktiv

Gletscher-Sightseeing am Montblanc

Diese Gondeln tragen keine Trauer – sondern Bergfans auf das 4810 m hohe „Dach Europas": Der Seilbahnausflug führt von Courmayeur über die legendäre Punta Heilbronner zur nicht minder berühmten Aiguille du Midi und nach Chamonix; Gletscher-Blick (und Gletscher-Glück) inklusive.

Zu Fuß können Sie natürlich auch gehen. Es dauert nur ein bisschen: Rund 170 Kilometer und etwa 10000 Höhenmeter haben Sie beim Auf- und Abstieg rund um das am höchsten aufragende Gebirgsmassiv im Dreiländereck von Frankreich, Italien und der Schweiz zu bewältigen, wenn Sie sich für den Tour du Montblanc (TMB) entscheiden, den manche für Europas schönsten Fernweg halten. Ultra-Fitte können auf dem Weg sogar laufen: Seit 2003 wird hier der Ultra-Trail du Montblanc (UTMB) ausgetragen, einer der anspruchsvollsten Bergmarathons der Welt.

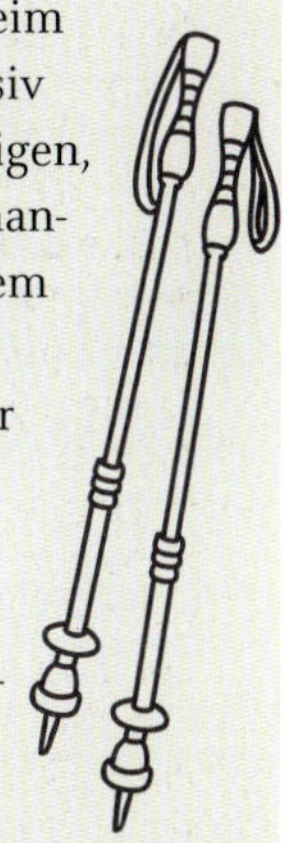

Deutlich bequemer ist allerdings die Besichtigung der weißen Bergschönheit mit der Seilbahn, mit der man sich von Courmayeur bis zur Punta Heilbronner und dann weiter über die Aiguille du Midi nach Chamonix bringen und herrliche Blicke auf die Gletscherwelt jenes Berges genießen kann, an dem am 8. August 1786 die beiden Erstbesteiger Jacques Balmat und Michel Paccard quasi die Geburtsstunde des Alpinismus initiierten.

Massiv: Aiguille du Midi (3842 m)

Trans Mont Blanc – von Italien nach Frankreich

5 Seilbahnen und 1 Kabinenbahn bringen Sie von Italien, wo der Berg Monte Bianco heißt, nach Frankreich, wo die Höhe des Montblanc geringer zu sein scheint, jedenfalls in der Regel mit 4807 m statt 4810 m angegeben wird, was Ihnen aber angesichts der grandiosen Panoramen egal sein kann. Ausgangspunkt der Zweiländerfahrt ist La Palud bei Courmayeur, höchster Punkt die Aiguille du Midi, von dort geht es dann hinab ins Tal, nach Chamonix.

Öffnungszeiten, Tarife, Wetterbericht
www.montebianco.com

Meerblicke garantiert

Genua, die alte, neu aufpolierte Seefahrerstadt und prächtige Kulturmetropole Europas, setzt in Ligurien das Maß. Östlich der Hauptstadt beginnt die mondäne Riviera di Levante, deren Höhepunkt die romantischen Dörfer der „Cinque Terre“ bilden. Westlich davon schwingen sich die Hügel an der „Riviera der untergehenden Sonne“ bis hinüber zur noblen Blumenküste, wo Italiens Schlagermetropole San Remo alljährlich zum Festival einlädt.

Vor mediterraner Kulisse: die unterhalb von Mortola gelegene Villa Hanbury samt botanischem Garten – vielleicht der schönste Garten Italiens.

Vernazza steht auf solidem Grund: auf den Granitblöcken
an der Riviera di Levante.

Sanft schaukeln die Boote
im ewigen Spiel der Wellen, …

Ganz nah sind sich die beiden schon. Unverkennbar: Mann und Frau. Die Köpfe zum Kuss geneigt. Irgendwie glücklich wirkend, wie zwei Königskinder oder Romeo und Julia, die sich nach einer Zeit der Sehnsucht endlich berühren dürfen. Schade nur – auch hier gibt es kein Happy End. Beider Lippen werden sich niemals treffen. Denn Mann und Frau sind aus Eisen. Eine Skulptur, „Kunst der Liebe", hinterlassen von einem Nachwuchskünstler an der „Via dell' Amore", Italiens bekanntestem Spazierweg zwischen Manarola und Riomaggiore.

Ein Paradies für Pärchen

O ja, die „Cinque Terre" sind ein veritables Pärchen-Paradies. Fünf romantische Dörfer – Monterosso, Vernazza, Corniglia, Manarola und Riomaggiore –, die wie Schwalbennester am Fels kleben, lauschige Plätze und laue Nächte, verwinkelte Gassen, aus denen ein wohltuend kühler Atem strömt, trubelige Straßencafés mit Meerblick, passend für all jene, die sich gerade erst oder schon vor langer Zeit gefunden haben. Kein Lärm stört; die Orte sind weitgehend autofrei. Nach Vernazza reisen die vielen Besucher etwa mit der Fähre an, aus deren Bauch sich zur Hochsaison vier-, fünfmal am Tag eine Touristenflut über den Ort ergießt. Keine Sorge, die Menschen verteilen sich, denn viele kommen

> Lauschige Plätze, verwinkelte Gassen, aus denen ein wohltuend kühler Atem strömt.

wegen der wanderbaren Natur hierher, wollen den Höhenweg von Riomaggiore nach Portovenere meistern, was sich am besten im milden Herbst oder Frühjahr angehen lässt. Andere wiederum genießen einfach die Strände oder das turbulente südländische Leben.

… sanft wird das Gemüt fernab vom Alltagsstress am flachen Strand von Vernazza

Sestri Levante: In den Straßen der Altstadt
herrscht lebhaftes Treiben.

Blaugrüne Lagune: Diese in der Nähe von Tellaro bei La Spezia
gelegene Bucht ist noch vergleichsweise wenig(er) überlaufen.

In Portofino tummeln sich die feinsten Yachten und ihre nicht weniger illustren Besitzer.

Jetset der Belle Époque

Wer von den „Cinque Terre" in Richtung Norden fährt, wird es ab Sestri Levante bemerken: Hier geht es los mit den Fin-de-Siècle-Villen, den breiten Uferpromenaden und klassizistischen Hotelbauten, den autobahnbreiten Stränden und teuren Restaurants. Die Schickeria Genuas macht sich zunehmend an den beiden zauberhaften Buchten von Sestri Levante breit; alle stadtnäheren Badeorte sind horrend teuer geworden, weil dort der europäische Geldadel schon seit mehr als 100 Jahren die Maßstäbe gesetzt hat. Wenn allerdings eine gewaltige, 2800 Kilo schwere Inox-Pfanne – Durchmesser vier Meter – durch Camogli gehoben wird, kann man sich sicher sein: Bei der Sagra del Pesce, dem größten Fischessen ganz Italiens im Mai, sind die Preise bezahlbar. Und auch ein Bad im Meer nahe dem Kloster San Fruttuoso oder ein Spaziergang durch Genuas östliche Nobelorte wie Nervi, Santa Margherita, Portofino oder Rapallo kostet nicht viel. Ansonsten überlässt man Hotels wie das „Splendido" oberhalb des teuersten Jachthafens Italiens, Portofino, lieber Stars wie Leonardo di Caprio, die 550 € aufwärts pro Nacht zahlen.

Eine stolze Hauptstadt

Am schönsten ist „La Superba", die Stolze, frühmorgens, wenn sich der Duft nach frisch gebackenem Brot um die verwinkelten Häuschen des Centro Storico wickelt wie ein Seidentuch um einen filigranen Frauenkörper, wenn in den ehrwürdigen Gran Caffès die Espressomaschinen angeheizt und an den Bürgerhäusern der Loggia dei Mercanti die ersten Stände des Blumenmarkts scheppernd-quietschend aufgeklappt werden.

Bagger und Baukräne

Vor dem „Fitzcarraldo" oder anderen Diskotheken fegen raue Besen die letzten Nachtschwärmer von den Bürgersteigen, vorbei an gemütlich schwatzenden „Xeneixi", wie sich die Genuesen in ihrem Dialekt nennen. Wenn dann die

Säulengang in Genuas altehrwürdiger Cattedrale San Lorenzo

Alles andere als antik wirkt Genuas Porto Antico. In der Biosfera, einer Kugelkonstruktion aus Glas und Stahl, befindet sich ein botanischer Garten mit diversen Pflanzen- und Tierarten.

»La Superba«, »die Stolze«, wird Genua von den Einheimischen auch genannt. Stolz sind die Genuesen nicht nur auf den – nach Marseille – zweitgrößten Hafen des Mittelmeers, sondern auch auf den historischen Kern (hier mit der Via Garibaldi) ihrer zum UNESCO-Welterbe zählenden Stadt.

„Pronto?" – Erinnert sich noch jemand an die graue Vorzeit, in der es höchst ungewöhnlich gewesen wäre, mitten auf der Straße mal eben zu telefonieren?

orangerote Sonne die hügelige Heimatstadt des Christoph Kolumbus und Niccolò Paganini in ihr Licht taucht, wird der ganze Charme der alten Seefahrermetropole sichtbar. Man genieße diese stillen Momente, denn Genua – ehemalige Kulturhauptstadt Europas – ist im Aufbruch. Das einstige Aschenputtel Italiens mausert sich zur Prinzessin; viele Millionen Euro flossen und fließen in die Sanierung der zauberhaften Altstadt, in die Renovierung der einst prächtigen Kirchen wie Santi Ambrogio e Andrea, in den Bau neuer Museen, in den kühnen Ausbau des Hafens mit Vorzeigeobjekten wie das der von Renzo Piano konstruierte Biosfera („La Bolla", s. Bild oben). Die prächtige Via Garibaldi, schon im 16. Jh. Symbol des Reichtums und der Macht Genuas, erstrahlt im neuen Glanz.

Wo Schöne shoppen

Wenn sich die Schickeria nicht gerade an den mondänen Hausstränden der Stadt im Osten oder Westen, etwa rund um Arenzano, sonnt, dann trifft man sie garantiert beim Shoppingbummel in der eleganten Via Roma oder Via XX. Settembre, vielleicht auch beim Kulturgenuss im altehrwürdigen Teatro Carlo Felice. Doch auch das ist „La Superba": Am Hafen, dem „Bauch Genuas", tönt Musik aus bunten Ethnoläden, duftet es geheimnisvoll aus dem äthiopischen Restaurant um die Ecke, erinnern zwielichtige Bars an die alten Seefahrerzeiten.

Walen auf der Spur

An Alassios Quarzsand-Strand räkeln sich im Sommer vor allem deutschsprachige Ligurien-Fans, für die sich an schattigen Tagen willkommene Abwechslung bietet: eine Tour auf einem Walbeobachtungs-Boot ab Loana beispielsweise. Pott-, Finn- oder Grindwale, sie alle schätzen das warme Wasser der Riviera – und die Urlauber sind begeistert, denn wo sonst in Europa kann man den riesigen Meeressäugern bis auf wenige Meter nahe kommen? Auch die mehr als 50 Tropfsteinhöhlen von Toirano, teilweise gespenstisch illuminiert, gilt es zu erkunden und Porto Maurizio, die hübsche Altstadt von Imperia.

Party im Kasino

Reichlich – das ist das passende Stichwort für San Remo, denn „reichlich" leitet sich von „reich" ab. Die traf auf die Gäste des berühmten Kasinos schon immer zu. Wie haben es der europäische Geldadel, Monarchen, Politiker, Literaten dort krachen lassen? Der ägyptische König Faruk behauptete, er könne beim Poker mit nur drei Königen auf der Hand gewinnen – „der vierte König bin ich!" Die Geschwister Erika und Klaus Mann kommentierten 1930 in ihrem scharfzüngigen Baedeker über die Riviera: „Spieler, die entschlossen sind, sich ruinieren zu lassen, kommen lieber nach San Remo als nach Monte Carlo oder Cannes. In San Remo verliert man wenigstens elegant." Doch war das 1905 eingeweihte, von dem französischen Architekten Eugenio Ferret vollendet geplante Kasino auch Geburtsort des berühmten Schlagerfestivals. Genauer: des Festival Della Canzone Italiana („Festival des italienischen Lieds"), das als Sprungbrett für neue Talente gilt. Wer Erfolg im Spiel hatte, der leistete sich dann irgendwann eine Jugendstil-Villa wie die berühmte Villa Hanbury mit ihrem Garten, einer der schönsten in ganz Italien.

Zwielichtige Bars erinnern an die alten Seefahrerzeiten.

TORINO
Moncalieri
Pinerolo
Asti
Alba
Cuneo
Mondovì
Saluzzo
Fossano
Savigliano
Bra
ALESSANDRIA
Tortona
Voghera
Pavia
PIACENZA
Casale Monf.
Novi Ligure
Ovada
Acqui Terme
GENOVA
Savona
Varazze
Arenzano
Finale Ligure
Loano
Albenga
Alassio
Imperia
Sanremo
Ventimiglia
Menton
Bordighera
Rapallo
Chiavari
Portofino
Lavagna
Sestri Levante
LA SPEZIA
Cinque Terre
Portovenere
Golfo di Genova
Riviera di Levante
Riviera di Ponente
MARE LIGURE
FRANCE
Maßstab 1:850.000

Palmen, Promis, Promenaden

Genua ist – vielleicht – die Geburtsstadt von Kolumbus und – ganz sicher – die Geburtsstadt von Renzo Piano. Beide beeinfluss(t)en auf ihre Weise die Weltgeschichte: der eine als Seemann, der andere als Architekt. Ligurien ist im Stillen aber auch ein ziemlich guter Ort, um runterzukommen. Und zum Sehen und Staunen, Erleben.

1 Genua

Genua, im Jahr 2004 „Kulturhauptstadt Europas", wurde schon im 5. Jh. v. Chr. als Handelsniederlassung der Ligurer gegründet und entwickelte sich bald zu einem wichtigen Seehafen.

SEHENSWERT

Bummelt man die **Via Garibaldi** entlang, kann man sich am **Palazzo Rosso** (No. 18), **Palazzo Bianco** (No. 11) oder dem **Rathaus** die Pracht der Stadt während des 16. und 17. Jh.s vor Augen führen. Sehenswert ist auch der **Palazzo San Giorgio** (Via della Mercanzia 2), benannt nach jener Bank, die hier im 16. Jh. ihren Sitz hatte. Im **Palazzo Ducale** (14. Jh.) mit gelungener klassizistischer Fassade sind häufig Kunstausstellungen untergebracht (www.palazzoducale.genova.it, tgl. 9.00–19.00 Uhr). Kostbar ist die Innenausstattung des **Palazzo del Principe Doria Pamphili**, den sich Condottiere Andrea Doria im 16. Jh. errichten ließ (Zugang: Piazza del Principe 4, www.dopart.it/genova, tgl. 10.00–18.00 Uhr). Ein prächtiges Mittelalterensemble zeigt sich an der schönen **Piazza San Matteo** mit ihren vielen schwarz-weiß gestreiften Bauwerken (13.–15. Jh.). In der Kirche **San Matteo** (13. Jh., innen im Renaissancestil) sind die sterblichen Überreste von Admiral Andrea Doria (1466–1560) aufgebahrt. Unbedingt besuchenswert ist die Schatzkammer der gewaltigen **Cattedrale San Lorenzo** (Mo.–Sa. 9.00–12.00 und 15.00 bis 18.00 Uhr). Der Genueser Architekt Renzo Piano hat anlässlich der Kolumbusfeiern 1992 den **Porto Vecchio**, den Alten Hafen mit seinem Zentrum Stazione Marittima, in einen kunterbunten, quirligen Kulturtreff verwandelt. Sehr beliebt sind die rund 70-minütigen Hafenrundfahrten (Ponte Antico beim Aquarium, Mo.–Fr. 14.15, 17.30, Sa., So. 14.00, 15.30 Uhr). Daneben erhebt sich der **Bigo** aus dem Wasser, eine stilisierte Konstruktion der einstigen Verladekräne mit Panoramaaufzug. Mehr als 6000 Spezies aus Meer und Küstenbereich sind im weit über Genua hinaus bekannten **Acquario** zu sehen (Porto Antico, Ponte Spinola, www.acquariodigenova.it, Kernzeit: 9.30–19.00, März–Juni und Sept./Okt. 9.00–20.00, Juli/Aug. 8.30–22.30, Nov.–Feb. 9.30–21.00 Uhr). Die **Casa di Cristoforo Colombo** ist das angebliche Geburtshaus des Entdeckers (Vico Dritto di Ponticello, Di.–Do. 11.00–15.00, Fr.–So. 10.00 bis 16.00 Uhr und nach Vereinb., Tel. 01 02 51 67 14).

Gut besuchte Terrassenrestaurants in Portofino (oben); Die Cinque Terre gehören zum UNESCO-Welterbe (rechts).

MUSEEN

Gemälde von Rubens oder van Dyck, aber auch Maler des Genueser Barock sind in dem **Musei di Strada Nouva Palazzo Bianco** vertreten (Via Garibaldi 11, www.museidigenova.it, Apr. bis Okt. Di. 9.00–18.00, Mi., Do., Sa. 9.00–19.00, Fr. 9.00–21.00, So. 9.30–19,30, Nov.–März Di. bis Fr. 8.30–18.00, Sa. und So. 9.30–18.30 Uhr). Dürer, Veronese, Strozzi, aber auch van Dycks Genuaporträts sind in dem **Musei di Strada Nouva Palazzo Rosso** zu sehen (Via Garibaldi 18, www.museidigenova.it, Öffnungszeiten siehe Palazzo Bianco). Das **Museo Nazionale dell' Antartide** ist Italiens erstes Antarktismuseum (Porto Antico, www.mna.it, Di.–So. 10.00–18.00 Uhr). Im **Galata Museo del Mare** kann man Genuas Seefahrts-Geschichte nachverfolgen (Darsena, www.galatamuseodelmare.it, März–Okt. tgl. 10.00–19.30, Nov. bis Feb. Di.–Fr. 10.00–18.00, Sa., So. bis 19.30 Uhr).

RESTAURANTS

€ € La Barcaccia ist ein trendiges Lokal mit eleganter Bar, einer Schiffskajüte nachempfunden. Hier werden köstliche Fischgerichte kredenzt, z.B. ligurischer Stockfisch (Spianata Castelletto 6, Tel. 01 02 46 51 65, www.labarcacciagenova.com). **€ € € Le Terrazze del Ducale** ist ein elegantes Ristorante mit guter ligurischer und mediterraner Küche in der obersten Etage des Palazzo Ducale (Piazza Matteotti 5, Tel. 01 05 88 600, www. leterrazzedelducale.it). Das **€ Trattoria Da Maria** ist eine der berühmtesten Trattorien Genuas (seit 1946). Hier gibt es keinen Luxus, sondern einfache, aber immer frisch zubereitete Gerichte (Vico Testadoro 14r, Tel. 01 05 81 08 0).

UNTERKUNFT
Ein Palazzo (1897) ist das **€ € € Savoia Majestic**, das schon viel Prominenz beherbergt hat und dessen Interieur einen gewissen Fin-de-Siècle-Charme besitzt (Via Arsenale di Terra 5, Tel. 01 02 77 21, ww.grandhotelsavoiagenova.it). Im **€ € € € NH Genova Plaza** fügen sich das alte Plaza mit Jahrhundertwende-Flair und das eher modern gestaltete Eliseo gekonnt zusammen (Via Martin Piaggio 11, Tel. 01 08 31 61, www.nh-hotels.com).

UMGEBUNG
Der vornehme Badeort **Nervi** (ca. 10 km südöstl.) besticht mit schönen Villen und der 2 km langen Uferpromenade Lungomare Anita Garibaldi. Seine pastellfarbenen Reederhäuser und die imposante Kirche Santa Maria Assunta (12. Jh.) machen **Camogli** (ca. 20 km südöstl.) zu einem der schönsten Orte rund um Genua. Jährlich am 2. So. im Mai findet in Camogli Italiens größtes Fischessen, die Sagra del Pesce, statt. Seit Jahrzehnten zählen die beiden Seebäder **Santa Margherita Ligure** (32 km südöstl.) und **Portofino** (41 km südöstl.) zu den feinsten Adressen an der Riviera di Levante. Im Seebad **Rapallo** (34 km südöstl.) mit Gebäuden aus der Belle Époque wurde 1922 im Vertrag von Rapallo die noch junge Sowjetunion von Deutschland anerkannt.

Tipp

In weiter Ferne, so nah

Seealpen nennt man die ligurischen Berge, man könnte aber auch von Seh-Alpen sprechen, denn von ihnen aus hat man die Riviera im Wortsinn meist als Silberstreifen am Horizont. Dort oben herumzukraxeln, sprich: zu wandern, ist ein ganz eigenes Vergnügen, und damit dieses nicht zu kurz ausfällt, kann, wer kann – also genügend Ausdauer und Kondition mitbringt – den Ligurischen Höhenweg als Ganzes (440 km von Ost nach West, von der toskanischen zur französischen Grenze) oder en detail (nach Gusto in einzelnen Etappen) gehen.

INFORMATION
Alta Via dei Monti Liguri (AVML), www.altaviadeimontiliguri.it

Glanzvolles Kasino von San Remo (oben); palmenreiches Portofino (r.o.); fein zurecht gemachter Strand in Alassio (r.u.).

INFORMATION
Ufficio IAT,Via Garibaldi, I-16100 Genova, Tel. 00 39 / 01 05 57 29 03, www.visitgenoa.it

❷ Sestri Levante

Das lebhafte, 20000 Einwohner zählende Ferienstädtchen liegt auf einer vorgelagerten Felseninsel.

SEHENSWERT
Die **Altstadtgasse Via XXV. Aprile** ist, gesäumt von schönen Renaissancehäusern, die Hauptschlagader und Bummelmeile im Gassengewirr des alten Ortskerns. Auf der zentralen **Piazza Matteotti** kann man südländisches Leben mitverfolgen. Die Barockkirche **San Pietro** (um 1650) besitzt eine prächtige Innenausstattung.

RESTAURANT
Lokale Küche gibt es in der **€ Trattoria della Mandrella** (Viale Dante 37, Tel. 01 85 42 716, www.mandrella.it).

INFORMATION
Azienda di Promozione Turistica, Piazza Sant' Antonio 10, I-16039 Sestri Levante, Tel. 00 39 / 01 85 45 70 11, www.turismoinliguria.it

❸ Cinque Terre

Sie sind so gut wie autofrei, die „fünf Dörfer“, (**Cinque Terre TOPZIEL**), die Monterosso, Vernazza, Corniglia, Manarola und Riomaggiore heißen und von der UNESCO zum schützenswerten Welterbe erklärt wurden.

SEHENSWERT
Nachdem man, von Genua kommend, Punta Mesco hinter sich gelassen hat, stößt man zunächst auf **Monterosso Al Mare**, den einzigen Ort mit breitem Strand, dessen Meerespromenade das historische Zentrum mit dem neuen Viertel Feinga verbindet. Die typische schwarz-weiße Genueser Fassade zeigt die spätromanische Kirche San Giovanni Battista. **Vernazza**, an der Mündung eines Wildbachs gelegen, ist ein eleganter Treffpunkt der Reichen und Schönen – vor allem die Piazza mit ihren vielen Trattorien und Cafés. Die Pfarrkirche Santa Margherita d' Antiochia (1318) besitzt einen reizvollen achteckigen Turm und liegt direkt am Hafen. **Corniglia**, der einzige nicht am Meer, sondern auf einem Hügel liegende, von Weinbergen umgebene Ort, ist von Vernazza aus zu Fuß erreichbar. Sehenswert: die Wallfahrtskirche Nostra Signora di Reggio (13. Jh.). Die breite, zum Teil aus dem Fels geschlagene **Via dell' Amore** verbindet die beiden Orte **Riomaggiore** und **Manarola**, die mit bunten Häuschen auf kargen Felsvorsprüngen ein für die Cinque Terre typisches Bild bieten.

UNTERKUNFT
Das **€ Cà d' Andrean** in Manarola ist eine familiäre Unterkunft in einer liebevoll restaurierten Ölmühle (Via Discovolo 101, Tel. 01 87 92 00 40, www.cadandrean.it). Exklusiv, toller Blick übers Meer: **€ € € Porto Roca** (Via Corone 1, I-19016 Monterosso al Mare, Tel. 01 87 81 75 02, www.porto roca.it).

INFORMATION
Consorzio Turistico Cinque Terre, Piazza Garibaldi 29, I-19016 Monterosso al Mare, Tel. 00 39 / 01 87 18 52 108, www.cinqueterre.it

❹ Alassio

Schon Ende des 19. Jh. schätzte der europäische Hochadel die heute 11300 Einwohner zählende Stadt als vortrefflichen Erholungsort. Das liegt insbesondere an dem feinen Quarzsandstrand, der zu einem der schönsten Badeplätze an der Riviera di Ponente zählt.

SEHENSWERT
Vom **Capo Santa Croce** aus bietet sich ein herrlicher Rundumblick; dort beginnt auch der im Sommer überlaufene Strand. Die häufig

umgebaute Kirche **Sant' Ambrogio** (11. Jh.) besitzt ein hübsches Schieferportal von 1511. Am **Muretto** (Ecke Corso Dante/Via Cavour) haben sich Prominente auf eingelassenen Keramikkacheln verewigt. Für einen Bummel bieten sich die **Altstadtgasse** (Budello) und die elegante **Via XX. Settembre** an.

UMGEBUNG
Durch die mehr als 50 berühmten Tropfsteinhöhlen von **Toirano** (25 km nordwestl.) gibt es tgl. jede halbe Stunde Führungen (www.toirano grotte.it, 9.30–12.30 und 14.00–17.00 Uhr).

INFORMATION
Servizio Promozione Turistica, Via Sormano 12, I-17100 Savona, Tel. 00 39 / 01 98 31 33 26, www.turismo.provincia.savona.it

5 San Remo

Noch immer strahlt die 57000-Einwohner-Stadt den Charme der Belle Époque aus, der mit der Blütezeit San Remos verbunden ist, als sich Europas Hochadel im Kasino vergnügte. Heute lebt die Stadt von einem gepflegten Massentourismus und der Schnittblumenindustrie der „Riviera dei Fiori".

SEHENSWERT
Auf der russisch-orthodoxen Kirche **San Basilio** prangen Zwiebelkuppeln und erinnern an den Roten Platz in Moskau (tgl. 9.30–12.30 und 15.00–18.30 Uhr). Einen tollen Blick auf die Stadt kann man vom Standort der Wallfahrtskirche **Madonna della Costa** (14. Jh.) oberhalb der Altstadt Pigna oder aber vom 1299 m hohen „Hausberg" **Monte Bignone** genießen (erreichbar ab Piazza Colombo per Auto oder Bus). In der prächtigen **Villa Nobel** lebte der Erfinder des Dynamits, Alfred Nobel, von 1890 bis 1896 (Corso Cavallotti 116, Di.–So. 10.00 bis 12.30, Fr.–So. 15.00–18.00 Uhr). Das städtische Leben konzentriert sich um die **Piazza Eroi Sanremesi** mit der Markthalle. Villen und Grandhotels säumen die Prunkmeile Corso Imperatrice mit der Mädchenstatue der Primavera („Frühling") im Bananen- und Palmengarten am Ende des Corso.

AKTIVITÄT
Kasinobesuch (www.casinosanremo.it; Eintritt nur mit Personalausweis).

VERANSTALTUNGEN
Das **Schlagerfestival San Remo** (Feb.), **Salonmusikkonzerte** im Parco Masaglia (Sommer).

UNTERKUNFT
Den Charme der glanzvoll vergangenen Belle Époque strahlt das luxuriöse **€ € € € Hotel Royal** aus (Corso Imperatrice 80, Tel. 01 84 53 91, www.royalhotelsanremo.com).

INFORMATION
IAT, Largo Nuvoloni 1, I-18038 San Remo, Tel. 00 39 / 01 8 45 90 59, www.turismoinliguria.it

Genießen Erleben Erfahren

DuMont Aktiv

Auf der Via dell'Amore

Der „Weg der Liebenden" heißt angeblich deshalb so, weil ihn einst vor allem junge Verliebte nutzten, um hier zueinander zu finden. Und das klingt doch viel zu gut, als dass man es nicht allzu gern für wahr halten möchte, wenn man sich selbst auf den Weg macht von Manarola nach Riomaggiore – unterwegs auf einer Wanderung entlang der nicht nur schönen, sondern auch zum UNESCO-Welterbe gehörenden Cinque Terre.

Der Klassiker. Die rund 1,5 km lange Strecke der fast ganz in den Fels gehauenen Via dell'Amore kann man in etwa 30 Minuten gehen – eher ein Spaziergang als eine Wanderung und mit (fast) jedem Schuhwerk zu bewältigen; vielleicht sogar, was zum Namen dieses „Klassikers" ja passen würde, mit Stöckelschuhen.

Anspruchsvoller (und angesichts der Wegeverhältnisse im Auf und Ab trotz geringer Distanzen nicht zu unterschätzen) sind die übrigen Wanderwege der Cinque Terre: Für die 3,5 km lange Strecke von Monterosso nach Vernazza geht man circa 1,5 Stunden, für die unweit längere (4 km) von Vernazza nach Corniglia braucht man in etwa genauso lang. Von Corniglia nach Manarola (3,5 km) benötigt man gute zwei Stunden, und wenn man von dort nach Riomaggiore den bereits erwähnten Liebesklassiker hinter sich gelassen hat, empfiehlt sich erst mal eine Pause. Denn von Riomaggiore nach Portovenere, der mit 12 km längsten und teilweise sehr anstrengenden Wegstrecke, sind es etwa viereinhalb Stunden Gehzeit.

Wandern in den Cinque Terre

Uralte Pfade durch Weinberge und Olivenhaine, den Duft der üppig wuchernden Natur in der Nase und das Meer fest im Blick – kein Wunder, dass die Wanderwege der Cinque Terre so berühmt geworden sind. Und auch so beliebt: Einsame Wanderfreuden sollten Sie hier aus diesem Grunde nicht erwarten, sondern vielmehr darauf gefasst sein, dass Sie das – seit einigen Jahren teils gebührenpflichtige – Vergnügen durchaus teilen müssen.

Es empfiehlt sich der Kauf der Cinque Terre Card, mit der Sie alle Wanderwege nutzen dürfen. Daneben hält sie weitere Angebote für Sie bereit. Infos im Internet unter: www.cinqueterre.com

Rund um die heimliche Hauptstadt

Eine Reise von Mailand durch die Poebene gerät sehr schnell zum Kulturtrip, liegen doch einige der wichtigsten Sehenswürdigkeiten Norditaliens am Wegesrand. Der Mailänder Dom etwa ist wohl das Paradebeispiel für lombardische Gotik. Mit einer nicht minder grandiosen Klosteranlage kann Pavia aufwarten, während man in Mantua den Kopf reckt, um im dortigen Palazzo Te die weltberühmten Deckenfresken zu bewundern. Bleibt Cremona, wo seit Amati, Guarneri und Stradivari das (Geigenbau-)Wunder zum (Arbeits-)Alltag gemacht wird.

„Der Sturz der Giganten": Diese Fresken in Mantuas Palazzo Te schuf Rinaldo Mantovano nach Zeichnungen von Giulio Romano.

Sehen und gesehen werden heißt es auch in Brera, einem der In-Viertel Mailands am Naviglio Grande.

Etwa 3000 Figuren thronen auf den Spitzen des Doms. Im goldenen Schimmer erstrahlt aber allein die rund vier Meter hohe „Madonnina“.

Domportal: Dahinter findet man ein nicht nur großes, sondern auch großartiges Gotteshaus.

Das Dach der Mailänder Galleria Vittorio Emanuele II. ist eine bewundernswerte Konstruktion aus Eisen und Glas.

Leonardo da Vincis „Abendmahl" ist nur einer von vielen Kulturschätzen der kunstsinnigen Stadt Mailand, die nicht nur von den Milanesi als heimliche Hauptstadt Italiens gehandelt wird.

Der junge Mann, der in der Mitte des langen Tisches sitzt, wirkt ruhig. Gerade hat er diesen bedeutungsschweren Satz gesagt: „Einer von euch wird mich verraten!" Fast ein bisschen bedrückt senkt er den Kopf, wodurch das lange Lockenhaar etwas nach vorne fällt. Um ihn herum gestikulieren und diskutieren zwölf Männer – sechs an der rechten Seite, sechs an der linken –, heben abwehrend, erschrocken („Herr, bin ich's?") die Hände. Das abendliche Treffen an der Tafel scheint empfindlich gestört zu sein.

Ein bedrohtes Kunstwerk

Vier Jahre lang, von 1495 bis 1498, arbeitete Leonardo da Vinci im Auftrag von Ludovico Sforza an seinem 460 mal 880 Zentimeter großen „Cenacolo", seinem auf die Nordwand im Speisesaal des Dominikanerklosters Santa Maria delle Grazie in Mailand gemalten „Abendmahl". Es sollte bahnbrechenden Einfluss auf die abendländische Malerei nehmen – nicht zuletzt wegen des stimmigen Bildaufbaus, zu dem auch die korrekt dargestellte perspektivische Tiefe gehört (alle Fluchtlinien treffen sich in der zentralen Gestalt Jesu Christi), vor allem aber wegen seiner bis heute überwältigenden Ausdruckskraft, die auch durch den schlechten Erhaltungszustand des Kunstwerks nur wenig getrübt wird. Denn das Bild, auf dem Judas in Abwandlung von Vorstufen (die den Verräter der damaligen Bildtradition folgend noch vor dem Tisch gezeigt hatten) in die Reihe der am Tisch sitzenden Jünger integriert wird, malte Leonardo nicht al fresco (auf die frische, noch feuchte Wand), sondern „a secco" (trocken). Es war also immer auch ein bedrohtes Kunstwerk – durch abbröckelnden Putz, Bauarbeiten, durch Napoleons Besatzungstruppen und einen Bombenangriff, der im Jahr 1943 zum Glück nur die Südwand des Refektoriums traf.

Kulturschätze Mailands

Leonardo da Vincis „Abendmahl" ist nur einer von vielen Kulturschätzen der kunstsinnigen Stadt Mailand, die nicht nur von den Milanesi als heimliche Hauptstadt Italiens gehandelt wird, weil alles, was in Medien, Wirtschaft oder Mode Rang und Namen hat, ein Büro in Mailand aufweisen kann. Weltberühmt ist die Stadt für ihre Oper, die Mailänder Scala, wenngleich das Publikum in Parma noch weitaus kritischer sein soll. In der Pinacoteca di Brera gibt es Gemälde von Tintoretto, Caravaggio, Hayez zu besichtigen, wertvolle Sammlungen auch im Castello Sforzesco. Und dann wäre da natürlich der formvollen-

In Pavia studierten einst Petrarca, Leonardo da Vinci und Carlo Goldoni.

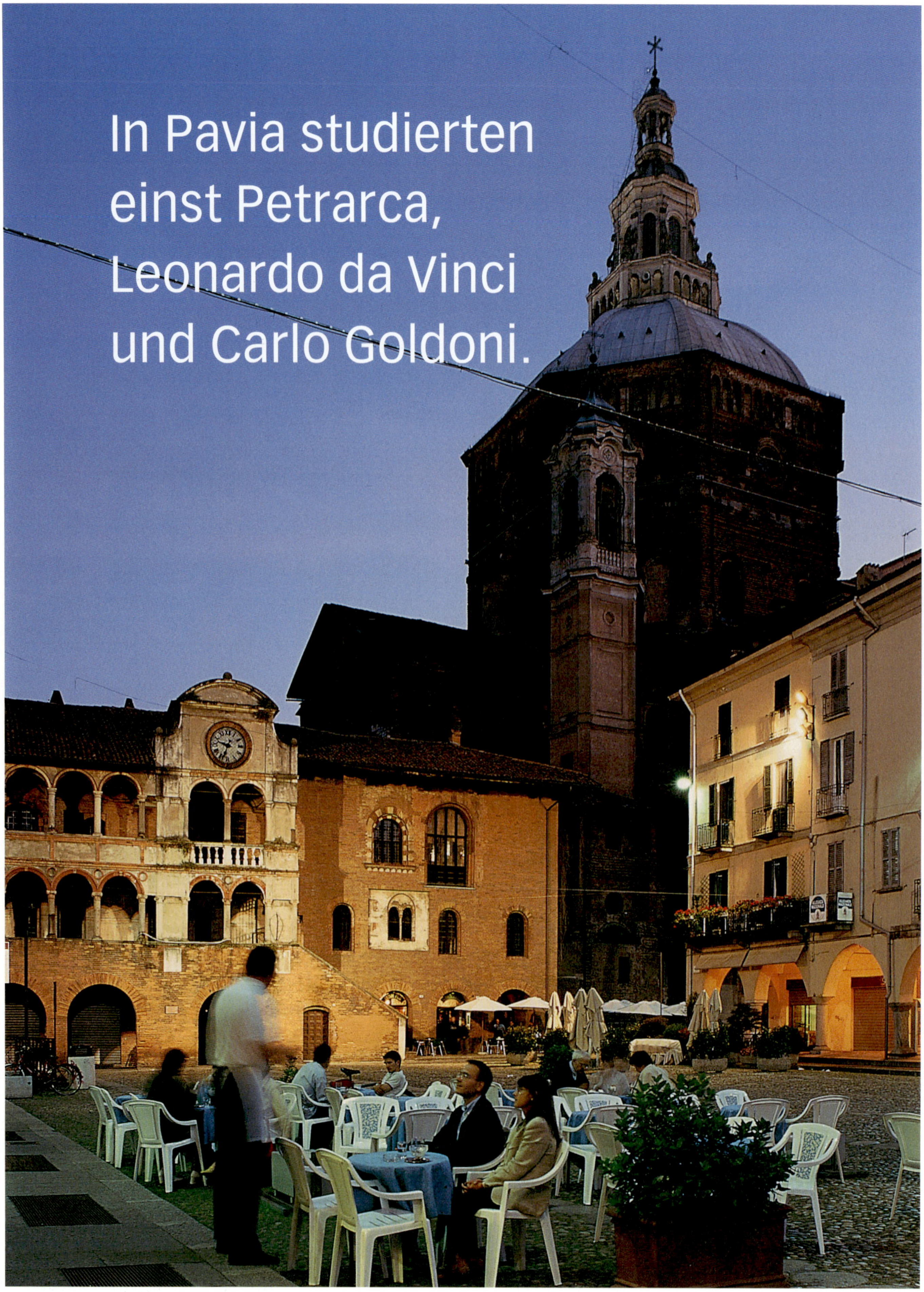

Noch ein Gläschen Wein? –
Auf der Piazza della Vittoria in Pavia

Special

Stradivari & Co.

Eine endlose Love-Story

Dass in Cremona der Himmel voller Geigen hänge, wie gern behauptet wird, ist dann vielleicht doch ein bisschen übertrieben. Kaum ein Wölkchen steht am Himmelszelt, und die Geigen hängen in den Werkstätten, wie sich das gehört. Eine Tatsache freilich ist es, dass in Cremona einst etwas geschah, das viele für ein Wunder halten: ein Geigenbauwunder, dessen innerstes Geheimnis bis heute nicht gelüftet wurde. Auch von Anne-Sophie Mutter nicht, die vielleicht am meisten darüber weiß.

Edle Hölzer, edler Klang

Für die Ausnahmekünstlerin ist es „eine endlose Love-Story" – die Beziehung zu ihrer im Jahr 1710 vom Meister aus Cremona vollendeten „Lord Dunn Raven Stradivarius", mit der sie in Konzertsälen auf der ganzen Welt die Luft zum Vibrieren und die Herzen des Publikums zum Schwingen bringt. Dass ein 300 Jahre altes Instrument bis heute als Nonplusultra in den Händen der wohl besten Geigenvirtuosin unserer Zeit gilt, verweist auf das Geheimnis von Cremona – die dort bereits von Stradivaris Lehrer Nicola Amati (1596–1684) entwickelte, von Stradivari zur höchsten Blüte gebrachte hohe Kunst des Geigenbaus. Was genau den besonderen Klang einer Stradivari ausmacht, darüber wurde und wird viel spekuliert. Für Anne-Sophie Mutter jedenfalls gibt es „keine beste Geige der Welt, sondern nur die, die am besten zu dir passt". Es gebe „ja auch keinen perfekten Mann", fügt sie hinzu. Die Frau weiß offenbar, wovon sie spricht. Und für den Fall der Fälle hat sie auch noch eine zweite Stradivari in petto.

Bei Licht besehen: Hier entsteht der Korpus eines Violoncellos.

dete Dom, eine der größten Kirchen der Welt nach dem Petersdom und der Kathedrale von Sevilla. Sage und schreibe mehr als 40000 Gläubige finden in dem rund 157 m langen Gotteshaus Platz – ein Monumentalwerk, dessen Bau alles in allem mehr als ein halbes Jahrtausend andauerte.

Anderswo ging alles schneller

Da hatten es andere Baumeister doch einfacher – jene der Basilika San Michele in Pavia konnten beispielsweise auf ein langobardisches Vorgänger-Gotteshaus zurückgreifen, in dem sich Karl der Große 774 zum König der Langobarden gekrönt haben soll. Und Ambrogio de Curtis brauchte gar nur drei Jahre, 1492 bis 1494, um die Entwürfe von Leonardo da Vinci und Donato Bramante in die wunderschöne Piazza Ducale in Vigevano zu verwandeln. Selbst Andrea Mantegna (1432–1506), 46 Jahre lang in Diensten der Gonzaga in Mantua, arbeitete an seinen Fresken im gewaltigen Palazzo Ducale und dem nicht minder aufwendig gebauten Palazzo del Tè nur einige Jahre. Was man kaum glauben mag, wenn man in der Sala dei Giganti in das meisterhafte Deckengemälde des „Gigantensturzes" versinkt, das in akribischer Detailtreue den erzürnten Jupiter inmitten der sichtlich beeindruckten Götterschar zeigt. Wobei, dies sollte gesagt sein, es die Titanen waren, die sich erhoben hatten und die auf dem Fresko dem Untergang geweiht sind.

Der schönste Platz Italiens

Selbst wer beim Anblick des Torrazzo in Cremona nicht gleich in Entzücken ausbricht, kann sich damit trösten, dass dieser mit 111 Metern Italiens höchste Glockenturm dem Torrone die Turmform gegeben hat: jenem im Jahr 1441 kreierten Mandelnougat, das zu den himmlischen Verführungen Norditaliens zählt. Der Torrazzo wacht über einen der schönsten Plätze Italiens, die stimmungsvolle Piazza del Comune. Hier mischen sich allabendlich der Geruch von

Bewacht vom Dom wie vom Glockenturm, dem Torrazzo, wuselt auf der Piazza del Comune in Cremona – einem der schönsten Plätze in Norditalien – abends das südländische Leben.

Meisterwerk der Baukunst: der Dom zu Cremona

Francesco Mochi (1580–1654) schuf diese – Ranuccio II. Farnese, den Herzog von Parma und Piacenza, hoch zu Ross zeigende – Bronzeskulptur auf der Piazza dei Cavalli in Piacenza.

Steinernes Erbe der Zeit: Mit dem (Backstein-)Bau von Ferraras wuchtigem Castello Estense wurde bereits im Jahr 1385 begonnen.

Hier mischen sich der Geruch von Espresso, die Stimmen sich angeregt unterhaltender Italiener mit Jazzmusik oder Gitarrenklängen zum großen Konzert des Südens.

Espresso, Zigaretten und süßem Parfüm, die Stimmen sich angeregt unterhaltender Italiener mit Jazzmusik oder den Gitarrenklängen eines Barden zum großen Konzert des Südens, das ansonsten in der Geigenbauerstadt natürlich von den Violinen bestimmt wird. Übrigens merkt man der Stadt durchaus an, dass sie mit langsam, aber stetig gewachsenem Wohlstand groß geworden ist: Wo sonst hat man es sich im 15. Jh. leisten können, eine derart reich verzierte Schaufassade aus Marmor dem Dom vorzublenden?

Da kann auch die Piazza Ducale in der Schuhmacherstadt Vigevano nur schwerlich mithalten, wenngleich sie vom Zeichenbrett Bramantes stammt und von Kleinodien der Frührenaissance gesäumt ist. Imposanter kommt da schon Ferrara daher – wo sonst in Norditalien findet man eine Altstadt, die nicht nur durch den Welterbe-Status der UNESCO, sondern auch durch eine bestens erhaltene, neun Kilometer lange Stadtmauer geschützt ist? Vor lauter Begeisterung vergisst man fast, dass am Po alles am Fluss ist. Etwa Comacchio, ein Lagunenstädtchen mit bunten Fischerhäusern und Palazzi, das auf 13 Inseln mitten im Delta steht. Noch einmal gibt es Kunst am Bau zu sehen – die originelle Treponti-Brücke, die mit schwungvollen Treppen auf fünf Wegen über vier sich kreuzende Kanalarme führt.

UMWELTKRIMINALITÄT

Das Schwarze Monster

Die Poebene ist eine Region, die von den Italienern sprichwörtlich mit „bisce, zanzare, rane, sabbie senza confine" assoziiert wird, mit „Schlangen, Mücken, Fröschen und Sand ohne Ende". Und dann kam noch „Mostro nero" hinzu, das „Schwarze Monster": So nennt man in Italien die auf einem Sabotageakt in einer Raffinerie bei Monza beruhende Ölpest, die nicht nur das ökologisch sensible Flussdelta, sondern auch die Adriaküste bedrohte.

Mitarbeiter des italienischen Zivilschutzes während der Umweltkatastrophe 2010: Mit Sperren und Bindemitteln versuchte man das Öl aufzuhalten und abzusaugen.

Es ist eine schöne, alte Welt. Ein abseits der großen Städte verlaufender Fluss, der sich in seinem Delta in ein Gewirr von Lagunen und Kanälen verzweigt, wo man Aale züchtet und Muscheln fischt. Ein wenig bekanntes Paradies für Ornithologen, in dem fast alle europäischen Wasservogelarten schon gesichtet wurden und das es zu hegen und zu pflegen gilt – weshalb die UNESCO im Jahr 1999 das bereits bestehende Welterbe Ferrara um die Kulturlandschaft des Podeltas mit dem Parco del Delta del Po (und Landsitzen der Este) erweiterte.

Es ist eine so schützenswerte wie gefährdete Welt, eine kleine Welt, in der Giovanni Guareschi seine „Don Camillo und Peppone"-Geschichten angesiedelt hat. Dies tat er nicht zufällig. Denn er konnte hier, so hieß es einmal im „Spiegel", das damals „größte sichtbare Übel, die Zweiteilung der Erde", auf kleinstem anschaulichem Raum, dem Dorf, darstellen. Doch aus der „Komödie des Kleinkriegs", die Don Camillo und Peppone in Guareschis Humoresken boten – ein streitbarer Pastor (Don Camillo), der immer wieder im gelegentlich etwas eigenwillig interpretierten Auftrag des Herrn in Konflikt mit einem zwar parteilinientreuen, aber letztlich doch gottesfürchtigen kommunistischen Bürgermeister (Pepone) gerät –, ist schon längst eine Tragödie geworden. Und zwar eine, mit der sich eines der größten derzeit sichtbaren Übel, die globale Umweltkatastrophe, auf kleinem anschaulichen Raum, dem Podelta, recht gut darstellen lässt.

Ölpest in Norditalien

Es gibt große Katastrophen und kleine. Große erschüttern wie die Ölpest im Golf von Mexiko via Weltpresse eine Zeit lang die Weltöffentlichkeit, die kleinen Katastrophen vergisst man schnell. Oder erinnern Sie sich noch an die Ölpest in Norditalien 2010? Damals hatten einige Politiker den Ausnahmezustand gefordert, Fachleute der italienischen WWF-Fraktion von einem „Desaster mit Langzeit-Auswirkungen" gesprochen und „das gesamte ökologische und ökonomische System in Gefahr" gesehen. Was also war geschehen?

Als die Hähne der Raffinerie endlich geschlossen wurden, war es für viele Tiere schon zu spät. Zahlreiche Enten und Wildvögel verendeten ölverschmiert im Lambro, einem Nebenfluss des Po.

Nachts um vier wurden die Ventile geöffnet

In einem vorsätzlichen nächtlichen Sabotageakt hatten Unbekannte in einer stillgelegten Raffinerie bei Monza nördlich von Mailand aus drei Lagertanks heraus Unmengen von Heiz- und Dieselöl in den Lambro geleitet, einen Nebenfluss des Po. Als Mitarbeiter eines nahe gelegenen Klärwerks bemerkten, dass ihre Becken von Altöl überflutet wurden, alarmierten sie den Zivilschutz, dessen Wasserwerker die verhängnisvollen Spuren bis zur Raffinerie von Lombardi Petrol zurückverfolgen konnten, wo man den Zutritt mit der lapidaren Begründung verweigerte, man kümmere sich schon selbst um das Malheur. Unterdessen lief das Öl fleißig weiter in den Fluss, auf dem sich bald ein langer, schwarzer Ölteppich bildete, der sich rasch in Richtung Po und Podelta fortbewegte und verheerende Auswirkungen für Flora, Fauna und Landwirtschaft dieser Kornkammer Italiens, zu haben drohte.

Der Skandal hinter dem Skandal

In den italienischen Medien wurde diese Umweltkatastrophe weitgehend ignoriert. Dabei belegt das sich nahtlos in eine Reihe weiterer Umweltkatastrophen einreihende Ereignis, dass solchen Katastrophen keineswegs „nur" grobe Fahrlässigkeit zugrunde liegt, sondern immer häufiger ein kriminelles System: Die Mafia verdient mit der illegalen Giftmüllentsorgung mehr Geld als im Drogenhandel.

Auch die Ölpest in Norditalien geht auf das Konto von Verbrechern. Während man noch über deren Hintergründe spekulierte, erreichte das Schwarze Monster den Po, einen Tag später die Provinz Parma, danach Cremona; bald setzte man in Venetien erste Spezialboote ein. Und wenn am Ende die schlimmsten Auswirkungen vielleicht gerade noch verhindert werden konnten, dann war das wohl auch nur ein Sieg auf Zeit. Der Skandal hinter dem Skandal war, dass nach Bekanntwerden der Katastrophe Trittbrettfahrer eigene Gifte ins Wasser leiteten in der Hoffnung, im Chaos unentdeckt zu bleiben.

Parco del Delta del Po

Italiens größter Regionalpark erstreckt sich vom Po di Goro, dem südlicheren der beiden Seitenarme des sich vor seiner Mündung ins adriatische Meer aufgabelnden Flusses, durch das gesamte, rund 380 km² große Podelta. Auf 18 Wanderwegen kann dieses im Spiel der Elemente entstandene, von Brackwasser- oder Süßwasserlagunen geprägte Areal mit seinen reichen Natur- und vielen Kulturschätzen erkundet werden.

www.parcodeldelta.com
www.parcodeltapo.it/er/

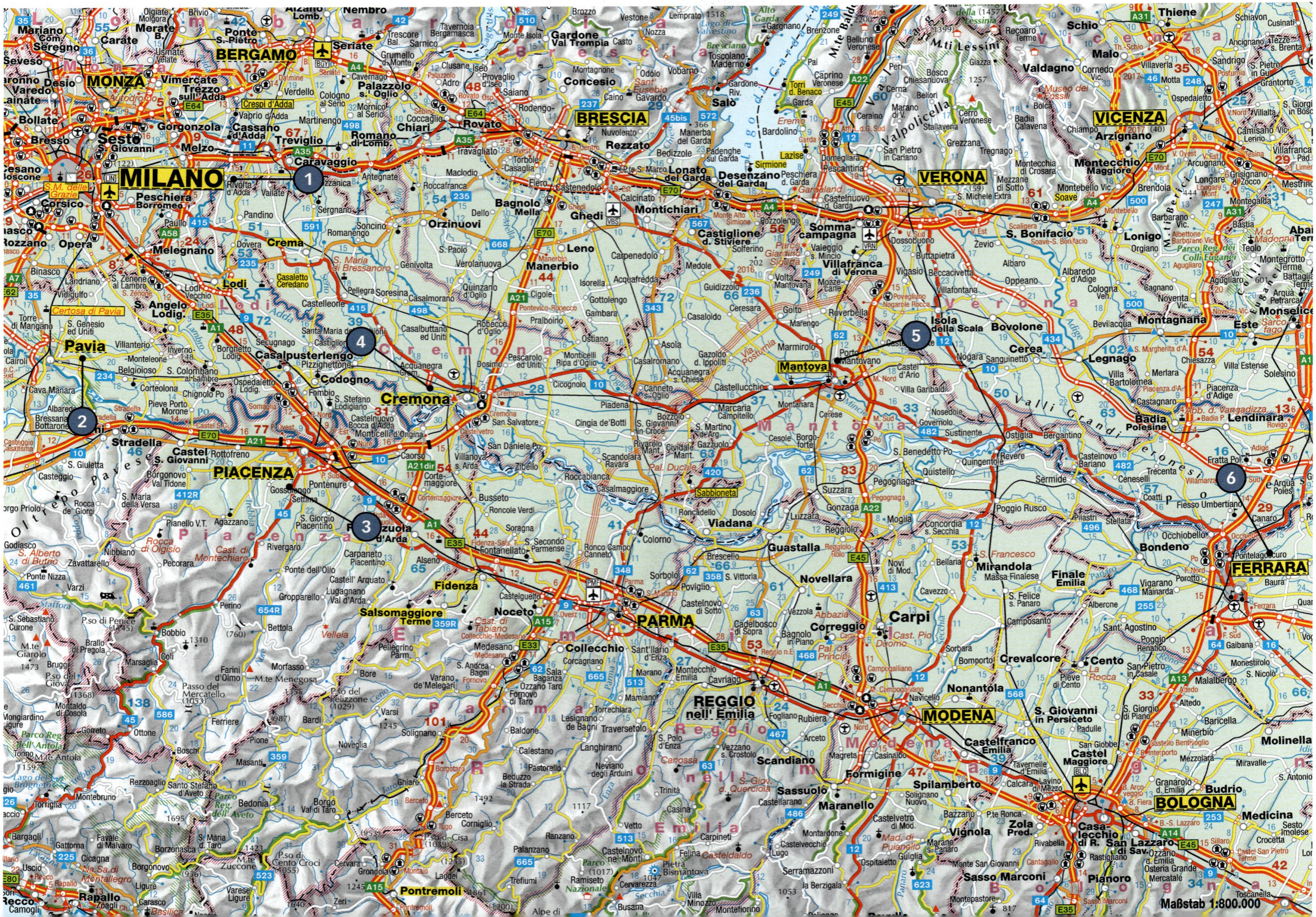
MILANO
MONZA
BERGAMO
BRESCIA
VERONA
VICENZA
Pavia
Cremona
PIACENZA
PARMA
REGGIO nell' Emilia
MODENA
Mantova
FERRARA
BOLOGNA
Carpi
Crema
Lodi
Codogno
Casalpusterlengo
Fidenza
Salsomaggiore Terme
Pontremoli
Rapallo
Recco
Camogli
Stradella
Voghera
Sesto S. Giovanni
Treviglio
Chiari
Rovato
Orzinuovi
Manerbio
Montichiari
Desenzano del Garda
Lonato del Garda
Salò
Peschiera d. Garda
Villafranca di Verona
Isola della Scala
Bovolone
Legnago
Cerea
Badia Polesine
Lendinara
Este
Monselice
Montagnana
Lonigo
Montecchio Maggiore
Arzignano
Valdagno
Schio
Thiene
Malo
Guastalla
Viadana
Correggio
Mirandola
Finale Emilia
Cento
S. Giovanni in Persiceto
Castelfranco Emilia
Sassuolo
Maranello
Formigine
Scandiano
Vignola
Zola Pred.
Casalecchio di R.
S. Lazzaro di Sav.
Pianoro
Sasso Marconi
Budrio
Medicina
Bondeno
Noceto
Collecchio
Melegnano
Opera
Rozzano
Bollate
Seregno
Carate
Vimercate
Melzo
Caravaggio
Cassano d'Adda
Gorgonzola
Nembro
Seriate
Palazzolo s. Oglio
Romano di Lomb.
Concesio
Gardone Val Trompia
Rezzato
Ghedi
Leno
Castiglione d. Stiviere
Sommacampagna
Castel S. Giovanni
Rottofreno
Fiorenzuola d'Arda
Oltrepo Pavese
Valli Grandi Veronesi
Maßstab 1:800.000

Mode, Models und vieles mehr

Gut, Mailand muss man einfach gesehen haben. Schade wäre es aber, wenn man sich nicht auch noch Zeit nähme für ein paar weitere kleine, aber feine Orte. Und für einen Besuch des Podeltas sowieso.

1 Mailand

Mit 1,3 Mio. Einwohnern zweitgrößte Stadt Italiens nach Rom, ist Mailand weit mehr als die Hauptstadt der Lombardei.

SEHENSWERT

Das unverkennbare Wahrzeichen von **Mailand** TOPZIEL ist der **Dom**, mit dessen Bau 1386 begonnen wurde. Mit einer Länge von 157 m und Breite von 92 m sowie einer Oberfläche von 11700 m² gehört er zu den größten Gotteshäusern der Welt und bietet Platz für rund 40000 Menschen (www.duomomilano.it, tgl. 7.00–18.40, So., Fei. 13.30–17.00 Uhr). Nicht versäumen sollte man den Aufstieg auf die Dachterrasse des Doms (tgl. 9.00–18.30 Uhr). Im Jahr 379 erbaut und 387 dem gleichnamigen Heiligen geweiht, gilt die **Basilika Sant' Ambrogio** als die Königin der lombardischen Romanik. Auch das **Castello Sforzesco** (1368), einst Burg der Visconti und Sforza, lohnt einen Besuch, hier insbesondere die Sala delle Asse von Leonardo da Vinci sowie die freskierten Säle der Corte Ducale (Piazza del Castello, www.milanocastello.it, Winter 7.00–18.00, Sommer bis 19.00 Uhr). Über die 1867 eröffnete Flanier- und Restaurantmeile **Galleria Vittorio Emanuele II.** gelangt man zum **Teatro alla Scala**, das zu den bedeutendsten Theatern der Welt gehört (Via Filodrammatici 2, Tel. 02 72 00 37 44, www.teatroallascala.org). Es bietet mehr als 3000 Plätze in Parkett, vier Rängen und zwei Galerien.
Treffpunkt des ökonomischen Lebens in Mailand war im Mittelalter die **Piazza dei Mercanti**. Die sechs Tore und angrenzenden Straßen tragen noch Namen wie Armorari (Rüstungsmacher), Cappellari (Hutmacher) oder Orefici (Goldschmiede). Donato Bramante wirkte wesentlich am Bau der prächtigen Dominikanerklosterkirche **Santa Maria delle Grazie** in der westlichen Innenstadt mit. Im Refektorium des Dominikanerklosters (gesonderter Eingang) wird der Besucher in den Bann von Leonardo da Vincis berühmter **Abendmahl**-Darstellung gezogen (Piazza Santa Maria delle Grazie, Klosterkirche: werktags 7.00 bis 12.00 und 15.00–19.00, So. u. Fei. bis 21.00, „Abendmahl“: Mo.–Sa. 8.00 bis 18.30 Uhr, Vorbestellung nötig, Tel. 02 92 80 03 60, www.cenacolovinciano.org, www.vivaticket.it).

Kneipenabend und glanzvolle Galleria Vittoria Emanuele II. in Mailand (o. und o.r.); Verzierungen am Tympanon der San Michele in Pavia (u.r.).

MUSEEN

Die **Brera-Pinakothek** verwahrt einige der berühmtesten Meisterwerke der Welt sowie italienische Meisterwerke vom 14. bis zum 20. Jh., etwa die „Hochzeit der Jungfrau“ von Raffael und die „Pietà“ von Giovanni Bellini (Via Brera 28, Di.–So. 8.30–19.15 Uhr). Die **Stadtmuseen des Castello Sforzesco** zeigen Kunst von der Antike bis zur Neuzeit, u.a. eine umfangreiche Skulpturensammlung mit der Grabesstatue von Gaston de Foix und der „Pietà Rondanini“ von Michelangelo sowie Gemäldesammlungen mit den Werken der langobardischen Schule. Daneben gibt es u.a. eine Möbelsammlung (15.–18.Jh.), Keramiken, Schmiedeeisen, Goldschmuck und Kostüme zu sehen (Piazza Castello, www.milanocastello.it, Di.–So. 9.00–17.30 Uhr). Die kostbare Sammlung des **Poldi Pezzoli Museums** umfasst Meisterwerke wie eine Madonna von Botticelli, das „Bildnis einer jungen Dame“ von Pollaiuolo sowie das Rundbild „Sacra Famiglia“ von Fra' Bartolomeo (Via Manzoni 12, www.museopoldipezzoli.it, Mi.–Mo. 10.00–18.00 Uhr, Di. geschl.). Das aus drei Gebäuden bestehende **Museo della Scienza e della Tecnologia „Leonardo da Vinci“** widmet sich architektonischen und technischen Modellen, die nach Entwürfen von Leonardo da Vinci (1452–1519) gebaut wurden (Via San Vittore 21, www.museoscienza.org, Di.–Fr. 9.30–17.00, Sa.–So. 9.30 bis 18.30 Uhr).

AKTIVITÄTEN

Stadtrundfahrt mit der TraMilano, einer historischen Straßenbahn, die an vielen Sehenswürdigkeiten hält. Man kann beliebig ein- und aussteigen. Abfahrt alle 10 Min. (8.00–24.00 Uhr).

EINKAUFEN

Kulinarische Leckereien gibt es bei Peck (Via Spadari 9), raffinierte Pasticci und zarte Pralinen bei Marchesi (Via Santa Maria alla Porta 11/a). Ausgefallene Mode findet man in den Shops im Künstlerviertel Brera.

RESTAURANTS
Im € € € **Ristorante Boeucc** (gegr. 1696) soll es die besten Spaghetti mit Tomaten und Basilikum außerhalb Neapels geben sowie klassische Mailänder Küche mit großem Weinangebot (Piazza Belgioioso 2, Tel. 02 76 02 02 24, www.boeucc.it). Das romantische € € **Brellin** erstreckt sich über zwei Etagen mit Kaminen und Kassettendecken (Vicolo dei Lavandai 14, Ecke Alzaia Naviglio Grande, Tel. 02 58 10 13 51 oder 0289402700, www.brellin.com).

UNTERKUNFT
€ € € **Antica Locanda Solferino** ist eine relativ bezahlbare Alternative zu den Hotels mit Art-Nouveaux-Charme im Künstlerviertel Brera (Via Castelfidardo 2, I-20121 Milano, Tel. 02 65 70 129, www.antica locandasolferino.it). Mitten im Modezentrum wohnt man luxeriös im Stil des 19. Jh.s im € € € € **Grand Hotel et de Milan** (Via Manzoni 29, I-20121 Milano, Tel. 02 72 31 41, www.grandhoteletdemilan.net). Nahe am Dom und den Museen gib's Jugendherbergs-Feeling im € **Ostello Bello** (Via Medici 4, I-20123 Milano, Tel. 02 36 58 27 20, www.ostellobello.com).

UMGEBUNG
Die Zisterzienser-Abtei **Chiaravalle** (ca. 10 km südöstl.) geht auf das Jahr 1221 zurück. Wertvolle Fresken schmücken ihren Innenraum.

Tipp

Mailands Szenetreffs

Zwei der angesagtesten Open-Air-Treffpunkte für die Jugend sind die **Piazza delle Colonne** mit ihren römischen Säulen und der **Corso Ticinese**. Entlang der Kanäle Naviglio Pavese und Darsene hat sich eine lebendige Kneipenszene etabliert. Eine gute Adresse der Mailänder Ausgeh-Szene ist der **Corso Como** mit seinen von Models und Modefans besuchten Lokalen und Diskos. Absolutes Highlight: die Diskothek **Alcatraz**. Auf rund 3000 m² Fläche tanzen bis zu 2000 Menschen.

DISKOTHEK ALCATRAZ
Via Valtellina 25
www. alcatrazmilano.com

Sala di Psiche im Palazzo Te, Mantua; Shopping in Mailand (o.r.); Geigenbauer Carlos Roberts stolz in seinem Atelier in Cremona (u.r.).

INFORMATION
Ufficio del Turismo InfoMilano, Galleria Vittorio Emanuele, Ecke Piazza Scala, Tel. 00 39 / 02 88 45 55 55, www.visitamilano.it

2 Pavia

Die alte Universitätsstadt mit rund 71000 Einwohnern liegt nahe der Mündung des Ticino in den Po und lädt mit ihren vielen Kneipen zum Ausgehen ein.

SEHENSWERT
Die romanische Basilika **San Michele** geht auf einen langobardischen Vorgängerbau zurück. Karl der Große soll sich hier 774 zum König der Langobarden gekrönt haben. In der Klosterkirche **San Pietro in Ciel d' Oro** (1117) werden die Gebeine des hl. Augustinus aufbewahrt. Das **Castello Visconteo** aus dem 14. Jh. zeugt von der Herrschaft der Mailänder Familie Visconti. Die lebhafte Flaniermeile **Strada Nuova** führt ins Herz der mittelalterlichen Stadt.

UMGEBUNG
Eine grandiose Klosteranlage des Kartäuserordens ist die hübsche **Certosa di Pavia** (9 km nördl., www.certosadipavia.com).

INFORMATION
IAT Pavia, Piazza della Vittoria, Palazzo del Broletto, I-27100 Pavia, Tel. 00 39 / 03 82 59 70 01, www.provincia.pv.it

3 Piacenza

Handel und Handwerk sorgen in der Provinzhauptstadt (102000 Einw.) auch heute noch für Wohlstand.

SEHENSWERT
Die **Piazza dei Cavalli**, Mittelpunkt der Stadt, bekam ihren Namen von den beiden barocken Reiterstandbildern der Herzöge Alessandro (reg. 1587–1592) und Ranuccio Farnese (reg. 1592–1622) vom Künstler Francesco Mocchi (1625). Das imposante **Rathaus**, auch „il gotico" genannt, entstand 1280. Die Flaniermeile **Via XX. Settembre** führt zum sehenswerten **Dom**, der 1122 im romanischen Stil begonnen und 1233 gotisch vollendet wurde.

INFORMATION
IAT Piacenza, Piazza Cavalli 7, I-29100 Piacenza, Tel. 00 39 / 05 23 32 93 24, http://turismo.provincia.piacenza.it

4 Cremona

Antonio Stradivari, der wohl berühmteste Geigenbauer der Welt, machte mit seiner Kunst die überaus bezaubernde Provinzhauptstadt mit ihren 72000 Einwohnern bekannt.

SEHENSWERT
Auf der schönen **Piazza del Comune** quirlt das Leben; hier locken aber auch Gebäude wie etwa der **Duomo** (1107–1332, www. cattedraledicremona.it, tgl. 8.00–12.00 und 15.30–19.00 Uhr). Der Torbogen **Portico della Bertazola** verbindet den Dom mit dem **Torrazzo** (13. Jh.), dem höchsten Glockenturm Italiens (111 m).

MUSEEN
Die **Sala dei Violini** im Palazzo del Comune (13. Jh.) zeigt die berühmte Geigensammlung der Geigenbauer (Di.–Sa. 9.00–18.00, So. u. Fei. 10.00–18.00 Uhr). Das **Museo Stradivariano** erinnert neben Stradivari auch an weitere Cremoneser Meister (Via Ugolino Dati 4, Di.–So. 10.00–17.00 Uhr). Im Palazzo dell'Arte informiert das **Museo del Violino** über die Geschichte und die Kunst des Violinbaus und präsentiert berühmte Instrumente der Cremoneser Meister; es gibt auch ein „Auditorium" für Konzerte (Piazza Marconi, www.museodel violino.org, Di.–So. 10.00–18.00 Uhr).

INFORMATION
Servizio Eventi e Turismo, Via Ugolani Dati 4, I-26100 Cremona, Tel. 03 72 40 75 84, www.turismo.comune.cremona.it

5 Mantua

Der gut erhaltene Stadtkern der 48000-Einwohner-Stadt entführt zurück ins 15. und 16. Jh., als Mantua eine führende Fürstenresidenz war.

SEHENSWERT

Viele Jahrhunderte lang war die **Piazza Sordello** nicht nur weltliches, sondern, mit dem **Duomo San Pietro** (12. Jh.) an der Nordseite, auch religiöses Zentrum der Stadt. Der nach außen streng wirkende **Palazzo Ducale** birgt eine der größten Palastanlagen Italiens – mit über 500 Sälen und Gemächern, zahlreichen Gärten und schmucken Innenhöfen (Piazza Sordello 40, www.ducalemantova.org, Di.–So. 8.30–19.00 Uhr). Vorbei am **Palazzo del Broletto** (13. Jh.) gelangt man zur **Piazza delle Erbe** mit dem zinnenbekrönten **Palazzo della Ragione**, dem 1250 erbauten **Rathaus** und dem Renaissanceturm **Torre dell' Orologio** mit einer astrologisch-astronomischen Uhr. Gleich rechts daneben steht die zweigeschossige, romanische Kuppelkirche **Rotonda di San Lorenzo** (1068). Die mächtige Tambourkuppel, Wahrzeichen von Mantua, kennzeichnet die von dem bekannten Renaissancearchitekten Leon Battista Alberti 1470 konzipierte Kirche **Sant'Andrea**. Mit weltberühmten Fresken wartet das 1525 bis 1535 von Giulio Romano gebaute Lustschloss **Palazzo Te** am südlichen Stadtrand auf.

INFORMATION

IAT Mantova, Piazza Mantegna 6, I-46100 Mantova, Tel. 00 39 / 03 76 43 24 32, www.turismo.mantova.it

6 Ferrara

Die Cittá Vecchia der 135000-Einwohner-Stadt ist seit 1995 UNESCO-Weltkulturerbe.

SEHENSWERT

Eine 9 km lange **Stadtmauer** umgibt die weitgehend autofreie Innenstadt. Im Zentrum steht der Dom **San Giorgio** (12.–14. Jh.) mit einer kunstvollen dreiteiligen Fassade aus weißem und rosa Marmor sowie dem Dommuseum in der Vorhalle der Kathedrale. Zentrum der weltlichen Macht war das **Castello Estense.** Der von schönen Renaissancepalästen gesäumte **Corso Ercole d' Este** führt in Richtung Norden in die im 15. und 16. Jh. auf dem Höhepunkt der Macht entstandene **Città Rinascimentale** mit dem im 16. Jh. erbauten **Palazzo dei Diamanti**.

UMGEBUNG

Östlich von Ferrara erstreckt sich das **Podelta**, das größte Feuchtgebiet Italiens. Unweit des auf Pfählen gebauten Fischerstädtchens **Comacchio** (ca. 50 km südöstl.) befindet sich das Kloster Santa Maria di Pomposa.

INFORMATION

IAT, Castello Estense, I-44100 Ferrara, Tel. 00 39 / 05 32 20 93 70, www.ferrarainfo.com

Genießen Erleben Erfahren

DuMont Aktiv

Shop around the clock

Nein, in Mailand sind die Läden nicht rund um die Uhr geöffnet. Aber dass sich hier Tag und Nacht (fast) alles ums Shoppen dreht, ist trotzdem klar. Nur: Wo anfangen? Eine erste Orientierung geben wir hier, vor Ort müssen Sie sich dann schon selbst auf den Weg machen. Oder auf die Tour: die Shoppingtour. Möglichkeiten gibt's genug.

Wenn Sie bislang dachten, beim Goldenen Dreieck würde es sich um eine Region im Grenzgebiet von Thailand, Laos und Myanmar handeln, in dem jene verboten-stimulierenden Substanzen angebaut werden, die auch in der Mailänder Mode- und Modelszene nicht völlig unbekannt sein sollen – weit gefehlt: Beim Mailänder Triangolo d'oro handelt es sich um ein Luxusviertel, in dem sündhaft teure Modedesigner sündhaft teure Kreationen feilbieten. Letztere können durchaus ihrerseits süchtig machen, weshalb die Nennung von Straßennamen wie Via Montenapoleone, Via Sant' Andrea und Via della Spiga, die Ihnen die Shoppingtour-Orientierung ebenso erleichtern könnte wie das Shoppen in den dortigen Luxusläden Ihre Brieftasche, an dieser Stelle nur ohne Gewähr erfolgen soll.

Wer dagegen nicht unbedingt sein gesamtes Erspartes in seine Konfektionsgröße investieren will, dem empfiehlt sich das Factory-Outlet-Shopping. Das finden auch die Italiener selbst inzwischen ziemlich chic – und billiger ist es sowieso.

Shoppen – Was und Wo?

Designermode im nördlich des Doms gelegenen Goldenen Dreieck (Via Montenapoleone, Via Sant' Andrea und Via della Spiga).

Designermöbel in den noch weiter nördlich gelegenen Straßen Corso Matteotti, Via Durini, Via Manzoni.

Straßenmärkte u.a. in der Viale Papiniano (Sa. ganztägig) und in der Via Zivetti (Mi. vormittags)

Factory Outlet Italy
Infos und Outlet-Shopping-Touren unter: www.factory-outlet-italy.com

45
44

Letzte Ausfahrt Rimini

Willkommen in einer weiteren Genießerregion Italiens! In Parma dreht sich vieles um Käse und Schinken, in Bologna haben sie die Tortellini und Tortelloni erfunden sowie die Fleischsoße gleich dazu, in Modena als Dreingabe für den gesunden Salat den wohl weltbesten Aceto Balsamico. Auch die Kunst- und Kulturgenüsse kommen nicht zu kurz; immerhin wurde Giuseppe Verdi in der Provinz Emilia-Romagna geboren, worauf man hier gerne stolz verweist.

Badevergnügen in Riccione: Hier kann man (und auch frau) mal so richtig blau machen!

Im italienischen Sommer sind die Tage lang, die Nächte heiß, und in Rimini lockt nicht nur ein 15 km langer Sandstrand: Er fühle sich ein bisschen an Las Vegas erinnert, meinte der Musiker, Autor und Regisseur Luciano Ligabue, der den Film „Da zero a dieci" („Zweite Ausfahrt Rimini") drehte.

Wohlleben in Rimini: In der Sonne am Strand sind sommerliche Gefühle garantiert.

Es ist jedes Mal das Gleiche: Nummer ziehen. Warten. Dösen. Unerwartet an die Reihe kommen. Hastig „duecento“ murmeln. Und zusehen: Wie der Verkäufer geschickt mit dem rechten Arm den schweren Block emporhebt, ihn an das stählerne rotierende Rad presst und, mit dem Kollegen fröhlich über die Erlebnisse mit Angela plappernd, Scheiben fertigt, die so dünn sind, dass sie mit Sicherheit im Wind flattern würden – gäbe es hier, im „Ipermercado“ in Rimini, auch nur den geringsten Luftzug.

La Dolce Vita an der Adria

Sonnenbaden, Segeln, sich im Sand räkeln, in einem Straßencafé sehen oder gesehen werden, im Aquafan-Park in

An der Adria könnte man dem Dolce Vita leicht für immer verfallen.

Riccione mit Sohnemann und Tochter so lange die Wasserrutsche hinabdüsen, bis die Badehose glüht, und sich ein Brot mit viel zu viel herrlich frischem Parmaschinken belegen – es ist nicht leicht, dem Dolce Vita an der Adria nicht für immer zu verfallen, noch dazu, wenn der notorisch blaue Himmel und das warme Meer die Laune selbst dann heben, wenn es in den „Bagni“, den privaten Badeanstalten, wieder mal rundgeht, weil man nicht mehr weiß, wie man die vielen Badegäste noch unterbringen soll.

Für junge Familien ist die Adriaküste das Urlaubsziel schlechthin – nicht nur, weil die Strände sehr flach ins Meer abfallen. Orte wie Cesenatico, Cervia, Riccione oder Cattolica haben sich auch eine ganze Menge einfallen lassen für ihre jungen Gäste, die Urlauber von morgen sind: Animationsprogramme, Spielplätze, Riesenrutschen und Vergnügungsparks halten die Kids (und ihre Eltern) auf Trab.

Kleiner Disput mit den Nachbarn am Nebentisch gefällig? Lautstark, versteht sich.

Die Basilika Santo Stefano in Bologna wird vor Ort auch „Sette Chiese" („Sieben Kirchen") genannt, weil es sich dabei im Grunde um ein aus mehreren Bauwerken bestehendes Kirchenensemble handelt.

Zum UNESCO-Welterbe zählt die im Jahr 547 geweihte Kirche San Vitale in Ravenna mit ihren …

… schönen Mosaiken, die im Licht der durch die Fenster scheinenden Sonne golden strahlen.

Die berühmten schiefen Türme von Bologna: Torre degli Asinelli und Garisanda

„Packen Sie mir davon auch noch etwas ein?" – Lebensmittelladen in der Altstadt von Bologna

Genießer lassen sich sofort auf der Piazza Santo Stefano nieder, um das bunte Treiben zu beobachten.

Prächtige Mosaiken

Die Erwachsenen dürfen dem Kunstgenuss frönen, etwa in Ravenna: In Kirchen wie San Vitale oder Sant' Apollinare in Classe verbinden die berühmten Mosaiken den Geist des frühen Christentums mit römischen Kunstformen und Einflüssen aus dem östlichen Mittelmeerraum. Sie zeugen von der ersten Blütezeit Ravennas, den Jahren von 395 bis 493, da die Stadt zur Kapitale des Weströmischen Reichs erhoben und zur prächtigen Kaiserresidenz ausgebaut wurde. So zeigen die Mosaiken in San Vitale die neuen Herrscher Ravennas, Kaiser Justinian und Gattin Theodora mit Gefolge, neben dem Kaiser der Erzbischof, oben Christus auf der Weltkugel und links der hl. Vitalis, rechts hingegen der hl. Ecclesius.

Hauptstadt des Laisser-faire

Danach kann man einen ausgedehnten Bummel durch Bologna starten, die lässige Backsteincity mit ihren zahllosen Torri, die ihr den Beinamen „die Getürmte" eingetragen haben. Genießer lassen sich sofort auf der Piazza Santo Stefano nieder, um das bunte Treiben zu beobachten, und gehen erst nach einer Espressopause weiter zur Bäckerei Atti oder zum Delikatessenladen Tamburini. Wenigstens ein Eis in der Via San Vitale 82 bei Il Gelatauri muss sein; dann heißt es, die Kalorien wieder abzutrainieren auf den 498 Stufen, die zum Torre degli Asinelli – mit 98 m Höhe beileibe kein „Eselchen", wie der Name suggeriert – hinaufführen. Von oben bietet sich ein toller Blick – ein wogendes Meer aus Ziegeldächern, unterbrochen durch ein Aderwerk an Altstadtgassen.

Parma und Parmigiano

Den Namen dieser Stadt lässt man sich weltweit gerne auf der Zunge zergehen: Parma steht synonym für würzigen Schinken, aber auch für Parmigiano, ohne den (fast) keine Pasta daherkommen darf, schon gar nicht in Parma selbst. Zum lukullischen gesellt sich in Parma der kunsthistorische Genuss, spätestens wenn Benedetto Antelamis Baptisterium aus rosa Veroneser Marmor mit den herrlichen Steinskulpturen ins Blickfeld gelangt.

Ist das Geburtshaus des in Italien hoch verehrten Giuseppe Verdi in Roncole nahe Busseto alljährlich das Ziel vieler tausend Verdi-Fans, so weiß sich Modena des Zulaufs einer anderen Klientel sicher. Tatsächlich macht es Sinn, den wertvollen Balsamessig in der Stadt direkt zu erwerben, denn dort sitzt jenes Konsortium von Herstellern, das sowohl über die Qualität als auch die Verwen-

San Marino: Zwergstaat mit schöner Aussicht (hier die Piazza della Libertà mit dem neugotischen, im Jahr 1894 errichteten Palazzo Pubblico)

Ein Blick hoch zur wunderschönen Kuppel des Battistero in Parma

Ein Blick hindurch in Modena (bei der Kathedrale)

Parmesan

Special

Ein weiter Weg zum Laib

Naschen verboten: im Parmesan-Lager

Schon Giovanni Boccaccio hat den Parmesan im 13. Jahrhundert in seinem „Decamerone" erwähnt.

Damit ist bewiesen: Den würzigen und würzenden Hartkäse gibt es schon seit mind. 800 Jahren. Für 1 kg Käse werden etwa 16 l silofreie, frisch gemolkene Rohmilch benötigt. Nach der Teilentrahmung und Zugabe von Milchferment sowie Lab, einem Enzymgemisch aus dem Magen von Kälbern, wird die Gerinnung eingeleitet und die Masse mit einem Sieb zum Bruch zerteilt. Diese wird auf 33 bis 34°C erwärmt und verliert Wasser. Als kompakte Masse wird der Rohparmesan mit großen Tüchern aus den Behältern herausgehoben und in Formen („fascere") gegeben, wo er bei 55°C zum endgültigen Laib verbackt. Salzlake macht ihn anschließend lagerfähig.

dung der einheitlichen Flaschenform und bestimmter Etiketten sowie der geschützten Bezeichnung „Aceto Balsamico Tradizionale di Modena" strengstens wacht. Zwischen zwölf und 25 Jahren lagert ein „echter" Balsamico – die Mengen sind folglich so gering, dass kaum etwas davon in den breiten Handel gelangt. Pro 100 ml darf man gut und gerne 50, für einen 25-jährigen Aceto Balsamico auch mehr als 100 Euro rechnen. Ein klarer Fall für Genießer!

Don Camillo und Peppone

Am 15. März 1952 hatten Don Camillo und Peppone ihre Premiere im Kino. Mehr als 60 Jahre später dreht sich immer noch alles um die liebenswerten Streithähne. Die Filmrequisiten wie das Motorrad, der Panzer oder die Eisenbahn werden sorgfältig im Museum aufbewahrt, die Filmstars von einst erinnern sich immer noch gerne an die Dreharbeiten: Fans von Don Camillo und Peppone sollten Roncole Verdi (22 Kilometer nordwestl.) und Brescello (ca. 25 Kilometer nordöstl. von Parma) aufsuchen. In Brescello wurde der berühmte Film mit Fernandel und Cervi gedreht. In Roncole lohnt sich ein Besuch in der Bar gleich neben Verdis Geburtshaus. Dort wohnen und arbeiten noch zwei Kinder des Bestsellerautors Giovanni Guareschi.

PARMASCHINKEN

Schwein gehabt

Oder genauer: das richtige Schwein. Denn nicht jeder Schweineschlegel lässt sich zum Parmaschinken veredeln. Die richtige Herkunft soll ein dreiteiliger Stempel garantieren, auf dem neben dem Geburtsdatum des Schweins die Namen der Provinz und des Aufzuchtbetriebs dokumentiert werden.

Den Parmaschinken sollte man nur nach Bedarf schneiden: Dabei entfernt man zunächst die Schwarte (nicht die Fettschicht) – allerdings nur so weit wie nötig, um dann die gewünschte Portion abschneiden zu können.

Man braucht keine 20 Zutaten, meint zumindest Giovanni Scappin, ein Italiener in New York. Und das glauben wir ihm mal, denn Scappin unterrichtet am Culinary Institute of America (CIA) das Fach „mediterrane Küche". Nun ist das zwei Autostunden nördlich von Manhattan in einem ehemaligen Jesuitenkloster in Hyde Park untergebrachte CIA nicht irgendein Kochstudio. Ganz im Gegenteil: Kein Geringerer als Paul Bocuse hält es für das beste vergleichbare Institut der Welt und schickte sogar seinen Sohn zur Ausbildung dorthin. Die kostet zwar schlappe 23 000 US-Dollar im Jahr, aber dafür ist, wer hier unterrichtet wird, auf dem Sprung zur zukünftigen Koch-Elite. Professor Scappins Worte haben also durchaus Gewicht, wenn er sagt, dass man keine 20 Zutaten brauche: „Ein Stück Brot, Olivenöl und eine Tomate, und du hast ein Millionen-Dollar-Meal!"

Wie gesagt: Der Mann ist Italiener, der Mann kennt sich aus. Und: Der Mann hat recht. Veredeln ließe sich sein Millionen-Dollar-Meal allerdings mit einer einzigen weiteren Zutat ungemein: mit Parmaschinken. Da würde aus dem so kargen wie edlen Mahl noch viel mehr als „nur" eine leckere Mahlzeit: ein kulinarisches Fest.

Prosciutto di Parma

Ohne Schwein kein Sein, das gilt in jedem Fall für den Parmaschinken. Verwendet werden dürfen nur Tiere aus den nord- und mittelitalienischen Provinzen Emilia-Romagna, Venetien, Lombardei, Piemont, Molise, Umbrien, Toskana, Marken, Abruzzen und Latium. Und nicht nur die mit einem Stempel dokumentierte Herkunft des Schweins ist vorgeschrieben, sondern auch dessen Speisezettel: Mais, Gerste und Molke aus der Parmesankäseproduktion frisst das Schwein, bis es zum Schlachttermin mindestens 150 Kilo schwer und neun Monate alt ist.

Salzen, Warten, Salzen

Nun kommt der „Maestro Salatore" ins Spiel, der Einsalzmeister: Erst die richtige Menge (natürliches Meer-) Salz, der richtige Zeitpunkt und die richtige Einsalztechnik (selbstverständlich von Hand) verwandeln den frischen Schweineschlegel in einen Parmaschinken. Das ist eine mehr-

Viel Eiweiß, wenig Cholesterin und keine Zusatzstoffe: Neben seinen äußeren hat der Parmaschinken auch innere Werte: Dazu gehört zum Beispiel ein hoher Anteil an fettlöslichem Vitamin A. Das ist gut fürs Sehvermögen und stärkt das Immunsystem – vielleicht sollte man sich den Schinken auf Rezept verschreiben lassen.

Vielleicht der beste Beleg für die Qualität: Am meisten Parmaschinken verzehren die Italiener selbst: mehr als 80 Prozent – also 7821106 Parmaschinken, um ganz genau zu sein.

fach wiederholte, von kürzeren und längeren „Ruhephasen" im kühlen Lagerraum unterbrochene Prozedur, an deren Ende der werdende Parmaschinken etwa um ein Drittel leichter ist als vor dem Salzen.

Die Reifeprüfung ...

Für den abschließenden Reifeprozess spielt das Klima eine entscheidende Rolle. Gerade die nahe am Apennin gelegene Region um Parma mit ihrer samtweichen Luft, dem stabilen Klima und relativ gleich bleibenden Durchschnittstemperaturen ist ideal für luftgetrocknete Spezialitäten, für die die Hersteller spezielle Reifehallen errichtet haben. Darin kann die Luftzirkulation der jeweiligen Jahreszeit, der Witterung und dem Zeitpunkt des Trocknungsprozesses angepasst werden.

Apropos Hersteller: Mehr als zwei Drittel der produzierten Parmaschinken kommt nicht etwa aus Parma, sondern aus dem etwa 15 Kilometer südlich gelegenen Langhirano.

... setzt dem Ganzen die Krone auf

Fünf Zacken sind der Beweis: Nur solche Schinken, die eine abschließende Prüfung durch Inspektoren des Istituto di Prosciutto di Parma erfolgreich bestanden haben, dürfen als Parmaschinken verkauft werden. Dies zeigt das Qualitätssiegel des Consorzio del Prosciutto di Parma – die fünfzackige Krone der Herzöge von Parma. Ab jetzt heißt es: genießen. Denn nun kommt der mindestens zwölf, manchmal sogar mehr als 30 Monate lang am Knochen gereifte Schinken zuächst in den Verkauf und dann, in der Regel hauchdünn geschnitten, auf den Tisch.

Übrigens: Für ein perfektes Mahl brauchen Sie in der Tat keine 20 Zutaten. In Parma isst man die kulinarische Köstlichkeit am liebsten mit Melone, Feigen und vielleicht noch etwas Brot dazu. Lecker ist er auch als pikante Beigabe einfach guter Gerichte wie überbackene Auberginen.

Ein Fest für den Schinken im Museum

Festival del Prosciutto di Parma

Bei diesem jährlich in der Region um Parma stattfindenden Festival wird eine attraktive Mischung aus kulinarischen und kulturellen Führungen angeboten, geführte Besichtigungen von Schinken-Manufakturen und Degustation inklusive.

Musei del cibo della provincia di Parma

Viel Wissenswertes über den Parmaschinken erfährt man im Museo del Prosciutto in Langhirano (Via Fabio Bocchialini 7, März–Dez. Sa., So/Fei. 10.00–18.00 Uhr; Mo. bis Fr., Gruppen nach Vereinbarung: Tel. 0521864324).

www.prosciuttodiparma.com
www.festivaldelprosciuttodiparma.com
www.museidelcibo.it

Reifeprozess: In speziellen Hallen sorgen die Hersteller für optimale Bedingungen.

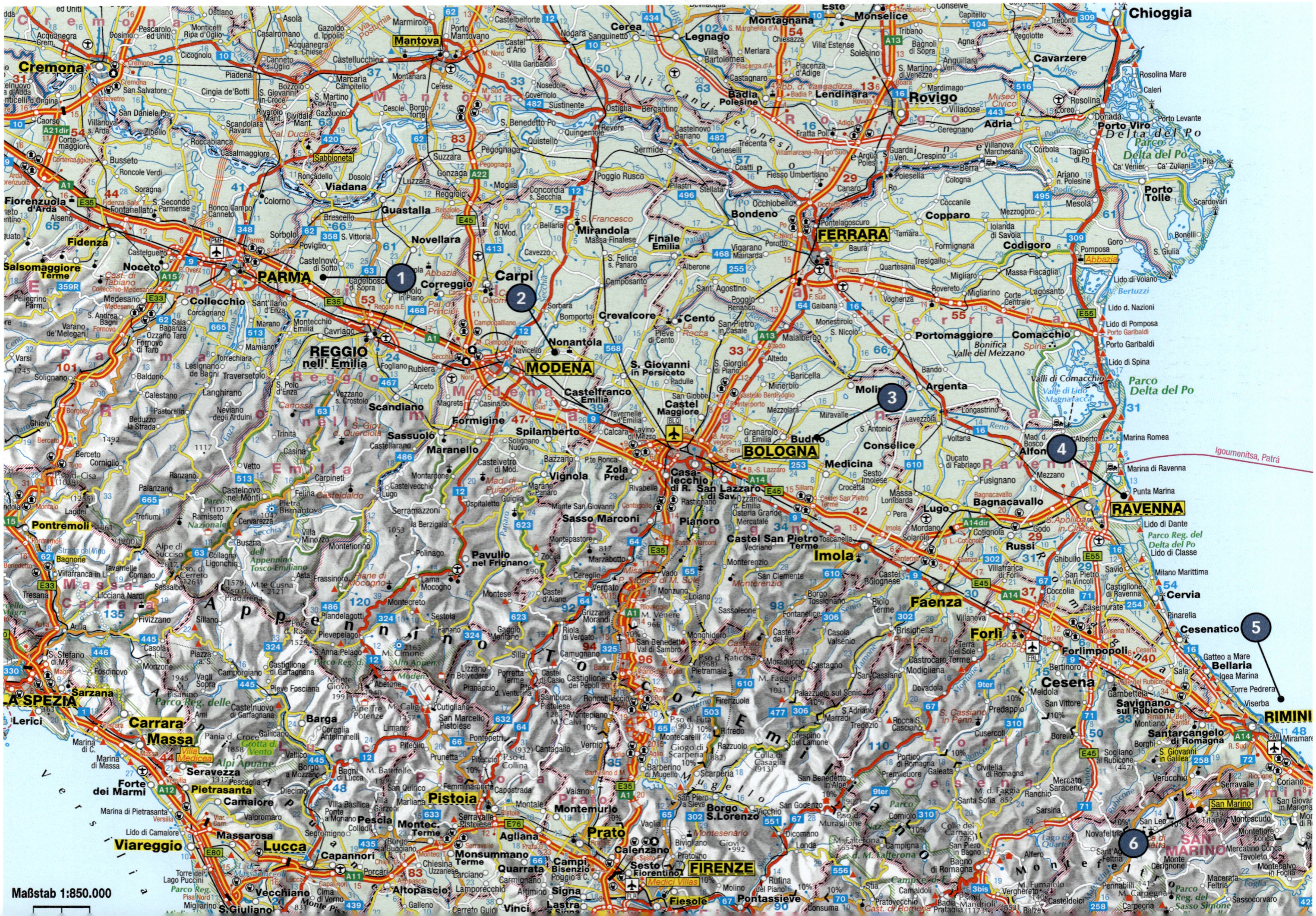
Chioggia
Cremona
Mantova
Parma
Reggio nell' Emilia
Modena
Carpi
Ferrara
Bologna
Ravenna
Rimini
Cesenatico
Cesena
Forlì
Faenza
Imola
Rovigo
Monselice
Legnago
La Spezia
Carrara
Massa
Viareggio
Lucca
Pistoia
Prato
Firenze
San Marino
Parco Delta del Po
Igoumenitsa, Patrá
Maßstab 1:850.000

Parma, Parmesan, Parmaschinken

Liebe geht bekanntlich durch den Magen. Und wenn eine Region solche kulinarischen Köstlichkeiten anzubieten hat wie die Emilia-Romagna – muss man sie dann nicht lieben?

1 Parma

Bereits der Name der 184000-Einwohner-Stadt klingt köstlich.

SEHENSWERT
Bis heute ist Parma eine reiche Stadt, was sich am Stadtbild zeigt, einem Mix aus mittelalterlichen Bauten, Palästen und eleganten Geschäften. Wahrzeichen Parmas ist die 1196–1260 von Benedetto Antelami aus rosafarbenem Veroneser Marmor gebaute Taufkirche **Battistero Antelami** mit einem Freskenzyklus aus dem Leben Jesu in ihrer Kuppel. (http://turismo.comune.parma.it, tgl. 9.00–12.30, 15.00 bis 18.45 Uhr). Mittelpunkt der Stadt ist die **Piazza Garibaldi**. Hier stehen das **Rathaus** (Palazzo del Comune) aus dem 17. Jh. und der **Palast des Statthalters** aus dem 13. Jh. Der **Dom** ist eine romanische Pfeilerbasilika (12. Jh.) und beeindruckt durch seine breite Fassade und den 64 m hohen Campanile (tgl. 9.00–12.30 und 15.00–19.00 Uhr).

MUSEEN
Im Palazzo della Pilotta, dem von den Farnese 1583–1622 erbauten, aber nie vollendeten Familiensitz, sind die **Galleria Nazionale** (Piazzale della Pace, www.gallerianazionaleparma.it, Di.–Sa. 8.30–19.00, So. 8.30–14.00 Uhr) sowie das **Museo Archeologico Nazionale**, eines der bedeutendsten archäologischen Museen Norditaliens, untergebracht (www.archeobo.arti.beniculturali.it, Di.–Fr. 9.00 bis 17.00, Sa., So. 12.30–19.30 Uhr). Das **Museo Glauco Lombardi** in der Palazzina della Riserva birgt Zeugnisse aus dem Leben der Herzöge von Parma (1748–1859) (Via Garibaldi 15, www.museolombardi.it, Di.–Sa. 9.30–16.00, So. 9.30–19.00 Uhr).

RESTAURANT
In der **€ Trattoria Corrieri** gibt es gute regionale Küche (Via Conservatorio, Tel. 05 21 23 44 26, www.trattoriacorrieri.it).

UNTERKUNFT
Das schöne **€ € € Hotel Villa Ducale** bietet Business-Komfort in einem jahrhundertealten Park, etwa 2 km von der Altstadt entfernt (Viale Europa 81, I-43122 Parma, Tel. 05 21 27 27 27, www.myonehotel.it).

San Marino liegt wildromantisch am Monte Titano (oben), im wahrsten Sinne des Wortes überragend ist der Torre Ghirlandina in Modena (rechts).

UMGEBUNG
In **Roncole Verdi** ist das Geburtshaus von Giuseppe Verdi das Ziel vieler Verdi-Fans.

INFORMATION
IAT, Piazza Garibaldi 1, I-43121 Parma, Tel. 0039/0521218889, http://turismo.comune.parma.it

2 Modena

Modena ist heute vor allem für seine Motoren, seine Gastronomie sowie den Aceto Balsamico bekannt. Die 183000-Einwohner-Stadt liegt in einer äußerst fruchtbaren Region und profitiert von ihrer kulturellen Vergangenheit.

SEHENSWERT
Im frühen Mittelalter entwickelte sich Modena zu einer blühenden Handelsstadt. Die bezaubernde **Piazza Grande** und der Dom **San Geminiano** (1099–1322) sind imponierende Zeugnisse aus dieser Zeit. Die Bauplastik des Doms konzentriert sich auf die Portale, von grimmig dreinblickenden Löwen bewacht. Sehenswert im Inneren sind der Lettner (1170 bis 1220) und die skulpturengeschmückte Kanzel (14. Jh.). Das Wahrzeichen Modenas ist der **Torre Ghirlandina**, 88 m hoch.

INFORMATION
IAT Tourist Information, Piazza Grande, I-41121 Modena, Tel. 00 39 / 05 92 03 26 60, http://turismo.comune.modena.it

3 Bologna

Willkommen in einer der größten und besterhaltenen Altstädte Europas, Hauptstadt der Emilia-Romagna (377000 Einw.): **Bologna TOP-ZIEL**. Viele Arkaden, Türme, eine ureigene homogene Backsteinarchitektur und prachtvolle Paläste bestimmen das Bild dieser Metropole.

SEHENSWERT

Das Herz von Bologna schlägt zwischen der **Piazza Nettuno** und der **Piazza Maggiore**. Den Neptunbrunnen auf der Piazza Nettuno erschuf Jean Boulogne, besser bekannt als Giambologna, in den Jahre 1563–1566. Der Name des **Palazzo di Re Renzo** (1244–1246) links daneben weist auf einen ehemaligen illustren Gefangenen hin, Sohn von Friedrich II. dem Staufer, der hier den Rest seiner Tage verbrachte. Die Front der Piazza Maggiore wird durch die **Basilica di San Petronio** (14.–17. Jh.) beherrscht, die wegen ihrer unvollendeten Fassade berühmt ist. Sie ist dem Schutzheiligen von Bologna geweiht. Am Hauptportal der Fassade kann man einen der wertvollsten bildhauerischen Zyklen der Renaissance in Italien bewundern (Jacopo della Quercia, 1425–1438). Eine Besonderheit sind die zwei nebeneinanderstehenden schiefen Türme **Torre degli Asinelli** (Anfang 12.Jh., 98 m hoch mit 2,30 m Neigung) und **Torre Garisenda** (48 m hoch mit 3,20 m Neigung). Die Spitze des schieferen Garisenda wurde bereits im 14. Jh. aus nachvollziehbarem Grund abgetragen (Öffnungszeiten des Asinelli-Turmes: 9.00–17.00, Sommer 9.00 bis 18.00 Uhr). Von oben genießt man einen tollen Ausblick auf die roten Dächer Bolognas. Den **Palazzo della Mercanzia** (1384–1391) erkennt man an seiner hohen Loggia. Der Komplex der Kirche **Santo Stefano**, auch „Sieben Kirchen" genannt, setzt sich aus sieben Kultgebäuden zusammen. Das Gotteshaus prägt die hübsche Piazza Santo Stefano.

Im Sommer zählt Rimini weit mehr als seine üblichen Einwohner – vor allem Jugendliche genießen hier das Nightlife.

MUSEEN

Die **Pinacoteca Nazionale**, 1796 eingeweiht, zeigt Werke der Bologneser Schule und solche

Tipp

Zimmer mit Aussicht

Eines der schönsten Hotels Bolognas ist das € € € € **Art Hotel Commercianti** mitten in der Altstadt. Wer dort ein Quartier bucht, sollte unbedingt nach einem Zimmer mit Terrasse fragen – von dort aus hat man nämlich eine wunderbare Aussicht auf die Piazza Maggiore.

INFORMATION
Via de' Pignattari 11, I-40124 Bologna, Tel. 05 17 45 75 11, www.bolognarthotels.it

Stimmungsvoll: das Verdi-Theater in Busseto (oben), Nightlife im Mojito Disco Restaurant in Riccione (u.r.)

von Cima, Tintoretto und Vivarini, Giotto, Parmigianino, Perugino und Raffael (Via Belle Arti 56, www.pinacotecabologna.beniculturali.it, Di. u. Mi. 9.00–13.30, Do.–So. 14.00–19.00 Uhr). Das **Museo Morandi** im Palazzo d'Accursio zeigt 56 Arbeiten (meist Stillleben) des Bologneser Malers und ist vorübergehend aus dem Palazzo d'Accursio in das **Museo d'Arte Moderna** (MAMbo) umgezogen (Via Don Minzoni 14, www.mambo-bologna.org/museomorandi, Di., Mi., Fr. 12.00–18.00, Do., Sa., So. 12.00 bis 20.00 Uhr).

RESTAURANTS

Das € **Zanarini** ist eines der historischen Cafés von Bologna, elegant, mit hübschen alten Möbeln ausgestattet (Piazza Galvani 1, Tel. 05 12 750041). In einem antiken Palazzo gelegen, widmet sich die € € **Osteria de' Poeti** der traditionellen Küche (Via de' Poeti 1/b, Tel. 05 12 36 166, www.osteriadepoeti.com).

INFORMATION

IAT Bologna Welcome, Palazzo del Podestà, Piazza Maggiore, I-40124 Bologna, Tel. 00 39 / 05 12 3 96 60, www.bolognawelcome.com

4 Ravenna

„Kunst aus Stein" gibt es in der 158000-Einwohner-Stadt **Ravenna** TOPZIEL reichlich zu sehen: frühchristliche Kirchen mit weltberühmten Mosaiken sowie schöne Plätze und alte Palazzi.

SEHENSWERT

Mittelpunkt der Altstadt ist die **Piazza del Popolo** mit dem **Palazzo Comunale** (1681), der von zwei Granitsäulen „bewacht" wird, die von den Venezianern 1483 errichtet wurden. Über die Via San Vitale erreicht man das ehemalige Kloster und die Kirche **San Vitale**, mit deren Bau 526, im Todesjahr Theoderichs des Großen, begonnen wurde (Apr.–Sept. 9.00–19.00, März 9.00–17.30, Okt. 9.00–17.00, Nov.–Feb. 9.30–17.00 Uhr). Sie enthält einen der bedeutendsten Mosaikenschätze Norditaliens. Rund 100 Jahre älter sind die Mosaiken im **Mausoleum der Galla Placidia** (um 440). In den Marmorsarkophagen sollen angeblich Galla Placidia, ihr Gatte Kaiser Constantinus III. und ihr Sohn Valentinian III. ruhen. Die im 5.Jh. erbaute Hofkirche Theoderichs, **Sant' Apollinare Nuovo** an der Via di Roma, lohnt den Besuch wegen der prächtigen Wandmosaiken. Das **Grabmal des Theoderich**, ca. 1 km nördlich des Stadtzentrums, wurde wohl noch zu dessen Lebzeiten errichtet und trägt eine 300 t schwere, aus einem einzigen Kalksteinblock gehauene Kuppel.

UNTERKUNFT

Mittelklassekomfort bietet das € € **Hotel Diana** (Via Girolamo Rossi 47, I-48100 Ravenna, Tel. 05 44 39 164, www. hoteldiana.ra.it).

UMGEBUNG

Bedeutende Mosaiken, die den byzantinischen Stil in Vollendung repräsentieren, sind im Inneren der Kirche **Sant'Apollinare in Classe** (5 km südl.) zu sehen.

INFORMATION

IAT Ravenna, Piazza Caduti per la Libertà c/o Palazzo della Provincia 1, Tel. 00 39 / 05 44 35 40 4, www.turismo.ra.it

5 Rimini

Zwischen Juni und September zählt Rimini weit mehr als seine 147000 Einwohner – vor allem Jugendliche genießen hier das Nightlife.

SEHENSWERT

Der Stadtrundgang durch die verkehrsberuhigte **Altstadt** beginnt am Endpunkt der Via Flaminia, dem **Arco d' Augusto** (27 v. Chr.). Pausieren kann man auf der stilvollen Piazza Tre Martiri. Der Tempio Malatestiano, eigentlich eine schlichte Bettelordenskirche (13.Jh.), wurde im 15. Jh. von Sigismondo Malatesta zu einem Mausoleum in Form eines römischen Triumphbogens umgebaut. Im Inneren bestechen der bauplastische Schmuck sowie das Fresko von Piero della Francesca.

AKTIVITÄTEN

Wassersport/Baden/Bootsfahren in den Bagni von Rimini Marina, Minigolf am Lungomare Tintori, **Thalassotherapie** in Miramare, **18-Loch-Golfplatz** in Villa Verucchio, **Delphinarium** mit Shows (Lungomare Tintori 2).

AUSGEHEN

Nachtschwärmer werden auf der Viale Vespucci fündig (www.discoteche-rimini.com).

UMGEBUNG

Das angrenzende elegante Seebad **Riccione** (8 km südl.) droht Rimini den Rang der Nightlife-Kapitale abzulaufen. So verwandelt sich z.B. der Wasservergnügungspark Aquafan (Via Ascoli Piceno 6, www.aquafan.it) nachts in eine gewaltige Diskothek. Das Fischerstädtchen **Cattolica** (12 km südl.) lädt zum gemütlichen Hafenbummel ein.

INFORMATION

Assessorato al turismo – Comune di Rimini; Piazzale Fellini 3, I-47921 Rimini, Tel. 00 39 / 05 41 70 45 87, Ufficio informazioni turistiche (IAT), Tel. 00 39 / 05 41 53 39 9

6 San Marino

Rund 31 000 Einwohner zählt die kleinste und älteste Republik der Welt an den Hängen des 745 m hohen Monte Titano.

SEHENSWERT

Über den Treppenweg **Salita alla Rocca** erreicht man die alten Festungen **Rocca Guaita** (11. Jh.), **Rocca Cesta** (13. Jh.) und **Rocca Montale** (1935 rekonstr.). Von der Piazza della Libertà mit dem **Palazzo del Governo** hat man eine tolle Aussicht.

UMGEBUNG/UNTERKUNFT

Einen Besuch lohnt das Burgstädtchen **San Leo** (20 km südwestl.). Von der Feste Rocca di San Leo (15. Jh.) genießt man einen beeindruckenden Ausblick; in der **€ € € Villa Labor** gibt es Jugendstil-Zimmer (Madonna di Pugliano 44, I-61014 Montecopiolo, Tel. 07 22 73 90 25, www.villa labor.com).

INFORMATION

APT San Marino, Contrada Omagnano 20, 47890 Rep. di San Marino
Tel. 00 37 / 80 54 98 82 914,
www.visitsanmarino.com

Genießen Erleben Erfahren

DuMont Aktiv

Auf den Spuren von Verdi

Am schönsten klingt Verdi in einer lauen Sommernacht in der Arena di Verona. Auf heißen Steinstufen sitzend, von knutschenden Pärchen und aufmerksam das Libretto mit kleinen Taschenlampen mitlesenden Opernfans umgeben, möchte man ganz in der Musik aufgehen, die der Meister geschaffen hat, dessen zweihundertster Geburtstag im Jahr 2013 an seinen wichtigsten Lebensstationen intensiv gefeiert wurde.

„Ich werde“, soll Giuseppe Verdi (1813–1901) einmal gesagt haben, „immer ein Bauer aus Roncole bleiben“. Das bezeugt Verdis tiefe Verbundenheit mit seiner Heimat, auch wenn man das mit dem Bauern vielleicht nicht allzu wörtlich nehmen sollte. Verdi wuchs zwar in einem alten Bauernhaus auf (dessen Armseligkeit er sich offenbar später schämte, weshalb er es am liebsten abgerissen hätte), berühmt wurde er aber vor allem als Komponist melodienseliger Opern wie „Nabucco“, „Rigoletto“, „La traviata“ und „Aida“ – so berühmt sogar, dass Roncole, heute ein eingemeindeter Vorort von Busseto und knapp 38 km nordwestlich von Parma gelegen, in „Roncole Verdi“ umbenannt wurde. Dort beginnt dann auch idealerweise jede Verdi-Tour mit dem Besuch der „Casa Natale“, Verdis zum Glück eben doch erhalten gebliebenem Geburtshaus. In der Pfarrkirche gleich gegenüber spielte er auf der Orgel erste Melodien, im nahegelegenen Sant'Agata, dem Endpunkt der Tour, schuf er seine besten Werke – einen ganz eigenen klingenden Kosmos, der den „Bauer aus Roncole“ musikalisch unsterblich machte.

Informationen und Broschüren

Ufficio Turistico, Piazza Giuseppe Verdi 10, I-43011 Busseto PR, Tel. 00 39 /05 24 92 48 7, www.bussetolive.com

Museo Nazionale Giuseppe Verdi (s. Bild unten)

Villa Pallavicino, Verdi Multimedia S.r.l., Viale Ziliani 1 – angolo Via F.Provesi 35, I-43011 Busseto, Tel. 00 39 /05 24 93 10 02, www.museogiuseppeverdi.it

Verdi-Festival im Oktober

Teatro Regio, Via Garibaldi 16 a, I-43121 Parma, Tel. 00 39 /05 21 20 39 99, wwww.teatroregioparma.org

Romantik pur

Ganz gleich, ob man abends durch Verona bummelt oder in Venedig einen stillen Seitenarm des Canal Grande entdeckt – man spürt, dass das Veneto ein Herz für frisch Verliebte und Romantiker hat. Für prickelnde Momente gibt es gleich das passende Getränk – Prosecco, frisch gekeltert in den sanften Hügeln zwischen Valdobbiadene und Conegliano. Das Inselchen Grado nahe Triest bietet ein tolles Ziel mit goldgelbem Sandstrand und Hotels, die auf Eltern mit kleinen Kindern eingestellt sind.

Ach, Venedig. „Halb Märchen, halb Fremdenfalle" sei die Stadt in der Lagune, meinte einst Thomas Mann. Das gilt noch immer.

Ganz bunt: der Karneval in Venedig

Ganz teuer: die Cafés am und beim Markusplatz

Ganz alt und berühmt:
Die Rialtobrücke ist wohl die bekannteste der drei den Canal Grande überspannenden Brücken.

Ganz praktisch: Gemüsebauern versorgen die Venezianer per Boot.

Ziemlich sauer: Anders lässt sich der Zustand des Mannes nicht beschreiben. Warum sonst hätte er, mit Datum 30. September 1786, in sein Tagebuch notiert: „Gegen Abend verlief ich mich wieder ohne Führer in die entferntesten Quartiere der Stadt ... Ich suchte mich in und aus diesem Labyrinthe zu finden, ohne irgend jemand zu fragen, mich abermals nur nach der Himmelsgegend richtend. Man entwirrt sich wohl endlich, aber es ist ein unglaubliches Gehecke ineinander ...“

Winkel-Züge der Serenissima

Ein typisches Venedig-Problem, das Goethe da erlebte. In dieser Stadt verläuft man sich (mit und ohne Karte) anfangs tatsächlich oft; es fehlt in den engen und verwinkelten Gassen einfach am Überblick. Doch keine Sorge: Man wird, wie von Zauberhand gelenkt, schon irgendwie wieder ankommen. Und solche Irrwege haben auch ihre guten Seiten: Dabei bekommt man sie alle zu sehen, die großen wie die kleinen Attraktionen. Die Basilica di San Marco, den Rialtomarkt an der Brücke, die Kais Zattere mit ihren tollen Ausblicken und Bummelrevieren. Mit etwas Glück verirrt man sich in das Viertel Cannaregio, das noch am ehesten den wenigen verbliebenen Einheimischen gehört, die sich die extrem hohen Mieten in Venedig überhaupt noch leisten können. Das älteste Getto der Welt gibt es dort zu sehen, einstiger Wohnort der Juden Venedigs. Und, wer weiß, vielleicht endet die Odyssee in einem der Bacari von San Polo, in einer Weinschenke mit alten Holztheken, wo sich die Venezianer an leckeren Häppchen, den Cicheti, und einem Glas Hauswein laben.

Treviso – eine andere Welt

Keine 50 km nordwestlich von Venedig scheint die Zeit förmlich stillzustehen. Die Provinz Treviso ist ein Stück Italien, wie es Goethe noch erlebt haben mag – sonnig, malerisch, mit gemütlichen Menschen, die vor ihren Häusern auf Bänken sitzend den vorbeifahrenden Autos hinterherschauen. Wer hierher kommt, hat womöglich Prickelndes im Sinn: An den sanft welligen Hügeln, über denen die bis ins Frühjahr hinein schneebedeckten Gipfel der Voralpen thronen, reift nämlich der beste Prosecco Italiens. Wer ein Faible für den Schaumwein hat, der ist gut beraten, die „Strada del Prosecco“ zwischen Conegliano und Valdobbiadene abzufahren und nach Weingütern wie Tanoré, Ruggeri oder Mionetto Ausschau zu halten. Was passt besser dazu als ein Käse, der die Region berühmt gemacht hat, etwa der Taleggio, der Montasio, der Asiago oder der Provolone Val Padana? Gestärkt macht man sich von der Provinzhauptstadt aus auf den Weg zu den Sehenswürdigkeiten der Region – zu den Villen des Sile, den Mauern von Castelfranco, den Hügeln von Asolo und in die Voralpenregion.

> „Ich suchte mich in und aus diesem Labyrinthe zu finden …“
> (Goethe)

Ein Abend in der Arena

Ein Franzose müht sich mit dem Namen ab: „Ba-çi?“ Die Verkäuferin nickt. Sie packt vier „Baci di Giulietta“ in ein Cellophantütchen, fragt noch einmal nach: „Basta?“. Ja, leider, nichts mehr da – schon wieder sind die himmlischen Schokopralinen, die „Küsse der Julia“, die es in der Pasticceria direkt gegenüber

Wer große Oper liebt, ist hier genau richtig:
in der Arena di Verona.

Beliebter Treffpunkt:
Veronas Piazza delle Erbe

Blick von der Piazza Brà auf die Arena di Verona: Nach der Oper strömen viele noch auf einen Nachttrunk in eine der Bars am Platz. Das Pflaster ist warm, die Herzen sind heiß, der Kopf ist noch voller Melodien – kann es einen besseren Ausklang geben?

vom Innenhof der „Casa di Giulietta" gibt, ausverkauft. Das ist kein Wunder, denn jeder, der nach Verona kommt, möchte doch gerne einmal selbst vor jenem Balkon gestanden haben, von dem aus Julia ihrem Romeo entgegenschmachtete – und danach kommt so eine Schokoladenstärkung gerade recht. Einen zweiten sehnlichen Wunsch können sich viele Reisende mangels Karten oder Kleingeld nicht so leicht erfüllen: einen lauen Abend unter dem weiten Sternenzelt in der Arena, die so heißt, weil hier wirklich zu Römerzeiten keine Fest-, sondern grausame Spiele geboten wurden, die nicht der Muse, sondern der Gier nach Vergnügen dienten.

Eine romantische Stadt

Verona steht an Romantik der großen Serenissima in nichts nach; Diese Romantik ist hier vielleicht einfach nur nicht ganz so aufdringlich, wenn auch kaum weniger kommerzialisiert. Das antike Herz der Stadt schlägt zwischen der Piazza Brà mit ihren kunterbunten Palazzi aus dem 16. bis 18. Jahrhundert, der Piazza delle Erbe („Kräuterplatz") mit dem Gemüsemarkt und der Piazza dei Signori – alle drei sind zu ganz unterschiedlichen Zeiten von den jeweiligen Herrschern der Stadt gestaltet worden, die etwa auch die berühmte Ponte di Pietra schon im Jahr 89 v. Chr. bauen ließen.

Das Wirken Palladios

Selbstverständlich haben nicht nur die Römer den Nordosten Italiens mit ihren Bauwerken geprägt. Andrea Palladio (1508 bis 1580), einer der bedeutendsten norditalienischen Architekten überhaupt, schuf nicht wenige Palazzi oder Villen sowie, in Vicenza, mit dem Teatro Olimpico, das erste freistehende Theatergebäude seit der Antike. Sein theoretisches Werk „Quattro libri dell' architettura" sollte vor allem die Architektur Nordeuropas beeinflussen; sein Wirkungskreis reichte über Venedig bis nach Udine, wo er beispielsweise im Jahr 1556 den Triumphbogen Arco Bollani schuf.

Kunst am Kanal: die Kuppelkirche Sant'Antoniono Taumaturgo
am Canal Grande in Triest

Kunst antik:
in Aquileia

Kunst am (Tropf-)Stein:
Grotta Gigante

Ganz oben: Statue vor dem Lloyd-Palast in Triest.
Oben: die Piazza della Libertà in Udine

Der Schönheit von Triest hat das politische „Bäumchen-wechsle-dich-Spiel" keinen Abbruch getan.

Habsburger Hinterlassenschaften

Wer von Südtirol kommend zuerst den Westen und dann den Osten Norditaliens bereist hat, für den schließt sich in Triest der Kreis wieder. Denn wie in Südtirol finden sich auch in der Hauptstadt der Region Friaul-Julisch Venetien etwa auf den Speisekarten Gerichte wieder, die eher an Österreich als an Italien erinnern; zudem ist die Prägung durch Österreich-Ungarn auch im Stadtbild mit seinen vielen klassizistischen Palazzi sichtbar, und darüber hinaus versteht man hier eher Deutsch als etwa in Udine oder in Venedig. Tatsächlich hat Triest eine wechselvolle Geschichte hinter sich, gehörte über 500 Jahre lang zum Habsburger Reich, wurde dann 1945 von Tito-Partisanen annektiert mit der Begründung, dass in den Vororten eine doch beträchtliche slawische Minderheit wohne. Erst 1954 fiel Triest wieder an Italien – das komplette Hinterland blieb jedoch bei Jugoslawien, wodurch der Status der Stadt nicht gestärkt wurde.

Der Schönheit von Triest und des Umlands hat das politische „Bäumchen-wechsle-dich-Spiel" allerdings absolut keinen Abbruch getan. Noch eher als ein Geheimtipp wird beispielsweise die Ferieninsel Grado gehandelt – mit feinsandigen, flachen Stränden und freundlichen Hotels ein perfekter Spot für den Familienurlaub.

WEINSTRASSEN

Tropfen für Tropfen

Die Böden nördlich von Verona und östlich des Gardasees sind reich an Steinsalz, sehr durchlässig und gut bewässert: ein idealer Anbauort für Weinreben. An sanften, sonnenbeschienenen Hängen gedeihen hier edle Tropfen, von deren Qualität man sich bei der Erkundung gleich mehrerer Weinstraßen am besten selbst überzeugen kann.

Der Legende nach setzt sich der Name „Valpolicella" aus „Valle", Poli" und „Celae" zusammen, was „Tal der vielen Weinkellereien" bedeuten würde. Zu dieser Dreieinigkeit passt gut der gleichnamige Tropfen, der als Qualitätswein mit kontrollierter Herkunft (DOC) aus dem Verschnitt dreier Rebsorten gekeltert wird: Die Corvina-Rebe gibt dem Wein seine Struktur und die Ausgewogenheit, die Rondinella-Rebe sorgt für die Farbe, die Molinara-Rebe gibt dem meist jungen Rotwein seine fruchtige Note. Den Zusatz „Classico" erhalten übrigens nur solche Weine, die aus dem ältesten Teil des Anbaugebietes kommen.

Um sich einen eigenen Eindruck von der Güte des Weins zu verschaffen, der an seinem Urspungsort schon seit Jahrhunderten angebaut wird, fährt man am besten entlang der Strada del Vino Valpolicella. Diese ist nicht nur eine Weinstraße, sondern auch eine Vereinigung, zu der sich unter anderem 70 Weinkellereien und neun landwirtschaftliche Betriebe zusammengeschlossen haben. Im Fokus der Vereinigung steht nicht nur der Wein, sondern auch eine Aufwertung weiterer traditioneller landwirtschaftlicher Produkte wie Olivenöl, Kirschen und Käse.

Valpolicella umfasst sieben Gemeinden und erstreckt sich zwischen den Monti Lessini und dem nördlichen Hinterland von Verona. Es ist eine anmutig-sanfte, sich in mehrere kleine Täler auffächernde Hügellandschaft, in der sich mit Reben bestandene Weinhänge, Olivenhaine und Obstplantagen ihren idyllischen Auftritt teilen. Letztere verwandeln jedes Frühjahr die Region in ein Blütenmeer.

Kein Wunder, dass einst die Adligen aus Verona und Venedig hier gern ihre Landsitze hatten – wovon bis heute zahlreiche schöne Villen und Gärten zeugen. Überhaupt lassen sich entlang der norditalienischen Weinstraßen Natur-, Kunst- und Kulturgenuss auf eine ideale Weise mit der Degustation edler Tropfen verbinden – das gilt für die Strada del Vino Valpolicella genauso wie für die Strada del Bardolino (von Bardolino nach Garda), die Strada del Vino Soave (von Soave nach Monteforte d'Alpone), die Strada del (Vino Bianco di) Custoza (von Sommacampagna nach Peschiera del Garda) oder die Strada del Vino Lessini Durello (von Roncá nach San Giovanni Ilarione).

Prickelndes zum Schluss

Auch eine Strada del Prosecco gibt es. Dazu fährt man von Conegliano eine rund 33 km lange Strecke nach Valdobbiadene und lässt sich durch Rebgärten führen, Kellereien zeigen und mit (Schaum-) Weinen verkosten.

Selbst Bacchus, der Gott des Weines, wäre hier neidisch … (oben)

Landschaftlich steht Valpolicella dem Wein in nichts nach (unten).

Für den Amarone della Valpolicella werden ausschließlich erlesene Beeren verwendet. Schwer, trocken, exquisit.

Die wichtigsten Webadressen

www.stradadelvinovalpolicella.com
www.stradadelbardolino.com
www.ilsoave.com/de/strada/
www.stradadelcustoza.com
www.montilessini.com
www.coneglianovaldobbiadene.it

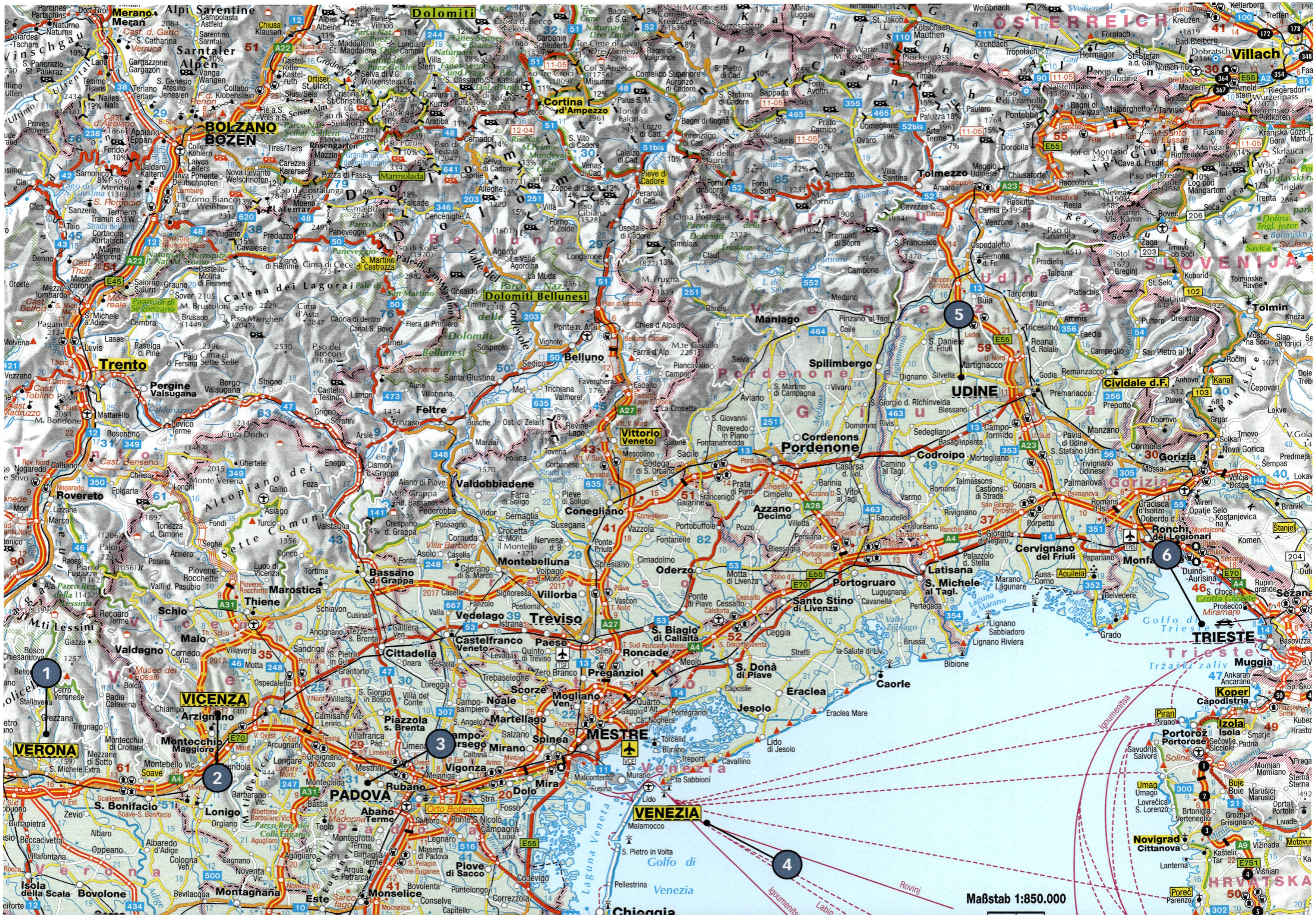

ÖSTERREICH
SLOVENIJA
HRVATSKA
Villach
Meran
Merano
Bolzano
Bozen
Dolomiti
Cortina d'Ampezzo
Tolmezzo
Tolmin
Trento
Pergine Valsugana
Rovereto
Feltre
Belluno
Dolomiti Bellunesi
Maniago
Spilimbergo
Udine
Cividale d.F.
Gorizia
Vittorio Veneto
Conegliano
Pordenone
Cordenons
Codroipo
Valdobbiadene
Montebelluna
Treviso
Oderzo
Portogruaro
Latisana
Cervignano del Friuli
Monfalcone
Trieste
Muggia
Koper
Izola
Piran
Portorož
Umag
Novigrad
Cittanova
Poreč
Caorle
Eraclea
Jesolo
S. Donà di Piave
Mestre
Venezia
Chioggia
Padova
Vicenza
Verona
Bassano d. Grappa
Marostica
Thiene
Schio
Valdagno
Cittadella
Castelfranco Veneto
Este
Monselice
Montagnana
Golfo di Venezia
Maßstab 1:850.000

Süße Küsse zwischen Stars und Statisten

„Es war die Nachtigall und nicht die Lerche", weiß man in Verona, wo längst ein Shakespeare-Dankesmal stehen müsste. In Venedig pfeifen die Spatzen den baldigen Tod der Stadt von den Dächern, und weil sie das schon seit Jahrhunderten tun, ist anzunehmen, dass die Stadt auch morgen noch recht lebendig sein wird. Verona und Venedig sind die Stars dieser Region, Vicenza, Padua und Udine mehr als nur Statisten.

1 Verona

Kunstschätze, weltberühmte Opernfestspiele, Romeo und Julia, dazu eine herrliche Küche und stimmungsvolle Altstadtcafés – die 265000-Einwohner-Stadt **Verona** TOPZIEL garantiert einen erlebnisreichen Citytrip.

SEHENSWERT
Das antike Herz Veronas schlägt zwischen **Piazza Brà**, **Piazza delle Erbe** (Mo.–Fr. Gemüsemarkt) und **Piazza dei Signori**, alle drei Symbole einer prachtvollen Vergangenheit zwischen römischen Monumenten oder mittelalterlichen Schlössern – Spuren der einstigen Macht der Skaliger. Stimmungsvolles Zentrum Veronas ist die Piazza Brà mit ihren farbenfrohen **Palazzi** (16.–18. Jh.) und dem bekannten römischen Amphitheater, der **Arena**, die, im 1. Jh. errichtet, einst das drittgrößte Bauwerk für Gladiatorenkämpfe war. Hier lauschen im Inneren bis zu 22000 Besucher gebannt der Musik bei den weltberühmten Opernfestspielen (www.arena.it, Di.–So. 8.30–19.30, Mo. 13.30 bis 19.30, während der Festspiele 9.00 bis 15.30 Uhr). Die Kirche **San Lorenzo** (10.00 bis 18.00, Fei. 13.00–18.00 Uhr) mit zwei ungewöhnlichen zylindrischen Türmen wurde 1171 auf den Resten einer antiken frühchristlichen Basilika errichtet. Neben dem **Arco dei Gavi** (1. Jh., Wiederaufbau 1933) steht die im 14. Jh. errichtete Burg **Castelvecchio** mit dem Civico Museo d'Arte. Die Piazza dei Signori ist das Symbol der oligarchischen Skaligermacht. Auf der rechten Seite sieht man den **Palazzo del Comune** (1194) mit beeindruckender Marmortreppe aus dem 15. Jh., der **Scala della Ragione**, und dem 84 m hohen **Torre Lamberti**, (tgl. 8.30–19.30 Uhr). Auf der Piazza befindet sich auch eines der historischen Cafés von Verona: das **Antico Caffè Dante**, in der Mitte des Platzes steht die Statue von **Dante Alighieri** (1835), der während seiner Verbannung aus Florenz bei Cangrande della Scala Unterkunft fand. Ein berühmter Winkel von Verona sind die **Arche Scaligere** (Skaliger-Gräber) neben der kleinen Kirche Santa Maria Antica (12. Jh.). Nicht weit ist es zum **Haus des Romeo** (Via delle Arche Scaligere 2, 14. Jh.) und zur **Casa di Giulietta** (Via Cappello 23, Di.–So. 8.30–19.30, Mo. 13.30–19.30 Uhr). Der Weg von der Kirche **San Giorgio in Braida**

O Romeo, Romeo – warum bist du Romeo?, der berühmte Balkon in Verona (oben). Auch berühmt: Caffè Florian, Venedig (rechts)

Tipp

Kaffeepause in Padua

Klassizistisch von außen, mit grimmig dreinblickenden Löwen vor dem Portikus und innen als Wechselspiel von etruskischen, römischen bis hin zu pompejanischen Stilelementen – so präsentiert sich das € € **Caffè Pedrocchi**, das es schon seit 1831 in Padua gibt.

Via VIII. Febbraio 15/Piazzetta Cap. Pedrocchi, Tel. 04 98 78 12 31, www.caffepedrocchi.it

(1050) zur römischen **Ponte di Pietra** (Steinbrücke, 89 v. Chr.) bietet ein unvergessenes Panorama. Die elegante Fassade des **Doms** stammt aus dem 12. Jh. Die Basilika **San Zeno Maggiore** (12. Jh.) ist eine der bedeutenden romanischen Kirchen Italiens.

MUSEEN

Das **Stadtmuseum Castelvecchio** präsentiert Arbeiten von Veroneser Bildhauern und Malern. (Corso Castelvecchio 2, Di.–So. 8.30 bis 19.30, Mo. 13.30–19.30 Uhr).

RESTAURANTS

In der **€ € Trattoria Antica Amelia** gibt es hausgemachte Nudelgerichte und Risotti (Lungadige Rubele 32, Tel. 04 58 00 55 26, www.anticaamelia.com). Raffinierte Fisch- und Fleischgerichte kredenzt man im **€ € TeodoricoRe** (Piazzale Castel San Pietro, Tel. 04 58 34 99 03, www.teodoricore.com).

UNTERKUNFT

Das **€ Hotel Cavour** ist familiär, ruhig und günstig (Vicolo Chiodo 4, Tel. 04 55 90 166, www.hotelcavourverona.it). Im **€ € € € Due Torre** haben schon Mozart und Goethe genächtigt (Piazza Sant' Anastasia 4, Tel. 04 55 95 044, www.duetorrihotels.com).

INFORMATION

IAT Verona, Via degli Alpini 9,
I-37121 Verona,
Tel. 00 39 / 04 58 06 86 80,
www.tourism.verona.it

Tipp

Kunstvolle Masken

Der Künstler Gualtiero dall'Osto stellt die wohl besten Masken und Kostüme Venedigs her. Er arbeitete bereits für Auftraggeber wie die Arena in Verona oder aber das Theater San Carlo in Neapel.

Tragicomica, San Polo, Calle dei Nomboli 2800, Tel. 04 17 21 10 2, www.tragicomica.it

Das Teatro Olimpico in Vicenza, nach römischem Vorbild erbaut, war Palladios letztes Werk.

2 Vicenza

Vicenza mit seinen 116000 Einwohnern verzückt vor allem durch die Architektur Palladios.

SEHENSWERT

Wichtigstes Werk Palladios ist die **Basilica Palladiana** (1549–1614, s. Bild auf S.123). Das 1580 begonnene **Teatro Olimpico** war sein letztes Werk. Der **Corso Andrea Palladio** wird von schönen Palästen und Kirchen gesäumt.

UMGEBUNG

Am südlichen Stadtrand befindet sich die **Villa Valmarana ai Nani** (www.villavalmarana.com, Di.–Fr. 10.00–12.30, 15.00–18.00, Sa./So. 10.00 bis 18.00 Uhr). In der Nähe liegt die Villa **La Rotonda** von Palladio (Mitte März–Okt. 10.00 bis 12.00, 15.00–18.00, Nov.–Mitte März 10.00 bis 12.30, 14.30–17.00 Uhr; von außen tgl.,von innen Mi./Sa. zu besichtigen; www.villalarotonda.it).

INFORMATION

IAT, Piazza Matteotti 12, I-36100 Vicenza,
Tel. 00 39 / 04 44 32 08 54, www.vicenzae.org

3 Padua

Padua (210000 Einw.), gegründet auf einer Insel im Fluss Bacchiglione, war schon in der römischen Antike eine wichtige Stadt.

SEHENSWERT

Das mittelalterliche Stadtzentrum entwickelte sich um die **Piazza delle Erbe**, die 1222 gegründete **Universität** und den **Palazzo della Ragione** (1218) herum. In der Basilika **Sant' Antonio** liegen die Gebeine des hl. Antonius begraben. Auf dem Platz vor Sant' Antonio steht das **Reiterdenkmal des Gattamelata**. Mitten in den Giardini dell'Arena, in der Nähe des städtischen Museums, liegt die **Cappella degli Scrovegni** mit dem berühmten **Freskenzyklus Giottos** (www.cappelladegliscrovegni.it).

UMGEBUNG

Das inmitten der sanften **Euganeischen Hügel** (ca. 10 km südwestl.) gelegene **Abano Terme** ist das Herz des größten und ältesten Thermalkomplexes Europas.

Schöner Abendbegleiter im Hintergrund: die Antoniusbasilika in Padua.

INFORMATION

IAT, Galleria Pedrocchi,
I-35137 Padova,
Tel. 00 39 / 04 98 76 79 27,
www.turismopadova.it

4 Venedig

Viele Kirchen, Paläste, reiche Bürgerhäuser, große und kleine Wasserstraßen – **Venedig** TOPZIEL (271000 Einw., davon noch 60000 in der Altstadt) ist einfach beeindruckend!

SEHENSWERT

Über den von prächtigen Palazzi wie dem gotischen **Ca'd'Oro** (1422–1440) gesäumten, 4 km langen **Canal Grande** gelangt man zur zentralen **Piazza San Marco**, sicherlich einer der schönsten Plätze der Welt, eingerahmt von den Kolonnadenbauten der **Alten** und **Neuen Prokuratien** und den berühmten **Gran Caffès Florian**, **Quadri** und **Lavena**. Als Hauptkapelle für den Dogen, Staatskirche und Monumentalschrein für den Staatsheiligen diente die von riesigen Kuppeln überwölbte **Basilica di San Marco** (www.basilicasanmarco.it, Mo.–Sa. 9.45 bis 17.00, So. 14.00–16.00 Uhr). Der **Dogenpalast** entstand aus einem einfachen Vorgängerbau (um 814) im 14. und 15. Jh. (www.palazzoducale.visitmuve.it, Apr. –Okt. 8.30–19.00, Nov.–März 8.30–17.30 Uhr). Im Inneren ist u.a. das Wandbild „Paradies" (Tintoretto 1588 bis 1590) zu bewundern, mit 24,6 m Breite und 7,5 m Höhe eines der größten Ölgemälde der Welt. Bedeutende Kunstwerke wie etwa Tizians „Pesaro-Madonna" (1519–1526) birgt die spätgotische Backsteinbasilika **I Frari** im Stadtteil San Polo (www.basilicadeifrari.it, Mo.–Sa. 9.00 bis 18.00, So. 13.00–18.00 Uhr). An der Piazza San Marco blickt man aus der Glockenstube des 99 m hohen **Kampanile** (12. Jh.) u.a. auf die **Rialtobrücke** und **Seufzerbrücke**.

MUSEEN

Das **Museo Correr** hat eine sehenswerte Gemäldesammlung, u.a. mit Werken von Giovanni Bellini. (Piazza San Marco 52, www.correr.visitmuve.it, Apr.–Okt. 10.00–19.00, Nov.–März 10.00–16.00 Uhr). Die **Gallerie dell' Accademia** wurden der Öffentlichkeit 1817 zugänglich gemacht (Campo della Carità, www.gallerieaccademia.org, Mo. 8.15–14.00, Di.–So. 8.15 bis 19.15 Uhr).

RESTAURANT
Die € € **Trattoria da Ignazio** (San Polo, CA Dei Saoneri 2749, Tel. 04 15 23 48 52) hat sich auf venezianische Küche spezialisiert.

UNTERKUNFT
Eines der berühmtesten Hotels der Welt im Palazzo des Dogen Enrico Dandolo ist das Luxusdomizil € € € € **Danieli** aus dem 14. Jh. (Riva degli Schiavoni 4196, Castello, Tel. 04 15 22 64 80, www.danielihotelvenice.com). Die € € **Pensione La Calcina** hat stilvolle Zimmer und eine tolle Aussicht auf den Canale della Giudecca und die Kais Zattere (Dorsoduro 780, Tel. 04 15 20 64 66, www.lacalcina.com).

INFORMATION
APT della Provincia di Venezia, San Marco 2637, I-30124 Venezia, Tel. 00 39 / 04 15 29 87 11, www. turismovenezia.it

5 Udine

Die 99000-Einwohner-Stadt im Herzen der friaulischen Ebene war ehemals auch eine Burg.

SEHENSWERT
Die eindrucksvolle **Festung** (16. Jh.) steht auf den Ruinen einer älteren Burg der Patriarchen von Aquileia. Der ursprüngliche gotische **Dom** besitzt Altarbilder von Tiepolo und Amalteo (14.Jh.).

INFORMATION
APT Udine, Piazza I° Maggio 7, I-33100 Udine, Tel. 00 39 / 04 32 29 59 72, www.turismofvg.it

6 Triest

Österreichisch, Jugoslawisch, Italienisch: Die Hauptstadt der Region Friaul-Julisch Venetien (209000 Einw.) erzählt eine wechselvolle Story.

SEHENSWERT
Das **Castello di San Giusto** wurde 1470 auf Geheiß von Friedrich III. erbaut und war Residenz der ausländischen kaiserlichen Statthalter. Die **Piazza dell'Unità d'Italia**, das Herz von Triest, wird von wunderschönen neuklassizistischen **Palazzi** beherrscht. Der imposante **Palazzo della Borsa** (1799–1806) ist heute Sitz der Handelskammer.

RESTAURANTS
Das € € **Caffè Tommaseo** ist eines der historischen Cafés von Triest. Zu Gast sind gern Politiker und Geschäftsleute (Piazza Tommaseo 4c, Tel. 04 03 62 666, www.caffetommaseo.com). Edelstes und bekanntestes Café, € € € **Caffè San Marco**, ist beliebter Treffpunkt für Literaten (Via Cesare Battisti 18, Tel. 04 00 64 17 24, www.caffesanmarcotrieste.eu).

INFORMATION
Trieste Infopoint, Via dell' Orologio 1, Ecke Piazza Unità d'Italia, I-34121 Trieste, Tel. 00 39 / 04 03 47 83 12, www.turismofvg.i

Genießen Erleben Erfahren

DuMont Aktiv

Mit Palladio durch Vicenza

„In die gedachte Harmonie“ führt diese Stadtführung, und das klingt vielleicht prätentiöser, als es ist. Denn Palladios von der UNESCO zum Welterbe erkorene Meisterwerke sind tatsächlich staunenswerte Beispiele für eine geglückte – und glücklicherweise auch erfolgreiche – Suche nach der richtigen Proportion. „Harmonie“ wurde von Palladio eben nicht nur gedacht, sondern auch gemacht. Zum Glück!

Ein früher Bewunderer Palladios war Goethe, der meinte, dieser Architekt sei ein „recht innerlich und von innen heraus“ großer Mensch gewesen, in seinen Anlagen habe es „wirklich etwas Göttliches“ gegeben. Große Worte, fürwahr, aber Goethes Begeisterung wird verständlich, wenn man die Werke des 1508 als Andrea di Pietro della Gondola in Padua geborenen, 1580 in Vicenza gestorbenen Architekten mit eigenen Augen sieht. Am besten in Vicenza, wo allein 23 Bauten von ihm zu besichtigen sind: Geführte Spaziergänge bietet die Tourist-Information Vicenza an: samstags, sonntags und an Feiertagen um 15 Uhr, Treffpunkt ist vor der Tourist-Information an der Piazza Matteotti (s. S. 118).

Nicoletta Bulian ist eine konzessionierte Fremdenführerin, die vor allem deutschsprachige Reiseleitungen und Führungen durchführt. Auch mit ihr kann man Vicenza und die Kunst von Palladio kennen lernen. Im Angebot sind eine Halbtagsführung (2,5 Std.) und eine Ganztagsführung (8 Std.). Dabei werden u.a. das Städtische Museum im Palast Chiericati und der Palast Barbaran Da Porto, heute Sitz von Sonderausstellungen über Architektur, besucht. Es können auch Ortschaften in der Umgebung von Vicenza mit dem Bus besichtigt werden, wie „La Rotonda“.

Geführte Spaziergänge auf den Spuren Palladios
Nicoletta Bulian:
Ufficio Informazioni Turistiche,
Piazza Matteotti 12, I-36100 Vicenza,
www.nicolettabulian.com/de/vicenza,
Tel. 04 44 32 08 54

Auf www.vicenzatourguide.it findet man unter dem Menüpunkt „Elenco guide turistiche“ einige Stadtführer von Vicenza, viele auch auf Deutsch.

Köstlichkeiten Norditaliens: Parmaschinken und Pansotti die Magro (o.li. und o.re.) Skifahren in Südtirol (u.re.)

Service

Wie komme ich von A nach B? Was gibt es Wissenswertes über den Norden Italiens? Und was sollte ich vor Abreise unbedingt noch beachten? Diese und andere Fragen beantworten wir Ihnen auf folgenden Seiten!

Anreise

Mit dem Auto: Die nordwestlichen Teile Norditaliens bis etwa zum Comer See erreicht man am besten über die Schweiz (im Sommer: Nufenen-Pass, Lukmanier, San Bernardino, St.-Gotthard-Pass, ganzjährig Gotthardtunnel). Bei den anderen Regionen empfiehlt sich die Anreise über den Brennerpass. Das Mitführen einer Warnweste ist Pflicht. Italiens Autobahnen sind gebührenpflichtig; pro km sollte man ca. 0,07 € kalkulieren. In Italien gelten etwa die gleichen Verkehrsbestimmungen wie in Deutschland; die Promillegrenze liegt bei 0,5. Auf Autobahnen und Landstraßen muss auch tagsüber mit Abblendlicht gefahren werden.
Mit der Bahn: Alle größeren norditalienischen Städte sind problemlos mit Fernzügen entweder über die Schweiz oder die Brennerroute erreichbar. Drehkreuz ist Mailand, von dort gibt es zahlreiche Weiterreise-Möglichkeiten. Auskunft: Deutsche Bahn AG; die Rufnummer Tel. 01 80 6 99 66 33 ist die Servicenummer der Bahn, www.bahn.de. In Österreich bei der Österreichischen Bundesbahn unter www.oebb.at, in der Schweiz bei der Schweizer Bundesbahn unter www.sbb.ch.
Mit dem Bus: Fernreisebusse steuern die großen norditalienischen Städte von allen größeren deutschen Städten aus an. Reservierung bei der Deutschen Touring GmbH, Tel. 06 19 62 07 85 01, www.eurolines.de.
Mit dem Flugzeug: Internationale Flughäfen in Norditalien sind Bergamo, Bologna, Genua, Mailand-Linate, Mailand-Malpensa, Treviso, Triest, Turin, Venedig und Verona. Angeflogen werden diese Flughäfen teilweise u.a. von Lufthansa, Alitalia, Air Berlin, Air Dolomiti und Ryanair.

Auskunft

Deutschland: ENIT Büro Frankfurt, Barckhausstraße 10, D-60325 Frankfurt/Main, Tel. 06 9 237434, www.enit.de.
Österreich: ENIT, Mariahilferstraße 1b/XVI, A-1060 Wien, Tel. 00 43 /15 05 16 39, www.enit.at

Badestrände

Die besten Bademöglichkeiten bieten sich an der Adria. Sandstrände finden sich von Rimini bis zum Seebad Riccione ca. 10 km südlich von Rimini, ferner am Lido in Venedig und den östlichen Seebädern (Jesolo bis Bibione). Zu beachten ist jedoch, dass nur ein kleiner Teil der Strände frei zugänglich ist. Viele Hotels besitzen einen Privatstrand, ein Großteil der Küste ist durch öffentliche Badeanstalten verbaut. Für diese Strandbäder wird meist Eintritt verlangt.

Camping

Wildes Campen ist generell verboten. Auf dem Land kann man jedoch sicherlich freundliche Bauern finden, die das Aufschlagen des Zeltes auf der einen oder anderen Wiese gestatten. Es gibt jedoch fast überall auch gut ausgestattete Campingplätze. Infos: Federcampeggio, Via Vitt. Em. 11, I-50041 Calenzano, Tel. 05 5 882391, www.federcampeggio.it.

Essen und Trinken

Speisen: Essen ist in Italien weit mehr als eine bloße Nahrungsaufnahme – es ist ein Teil der Lebenskunst. Italienische Emigranten haben ihre Küche in alle Teile der Welt getragen. Viele Besucher glauben daher, genau zu wissen, was sie kulinarisch erwartet, wenn sie in das „Land von Pizza und Pasta" aufbrechen. Ein Vorurteil bestätigt sich tatsächlich sofort: Pasta wird oft sogar zweimal am Tag in allen möglichen Formen, als Orechiette („Öhrchen"), Farfalle („Schmetterlinge") oder – am weitesten verbreitet – als penne („Stifte") verspeist. Doch ähnelt das fertige Pastagericht nur entfernt den Gerichten, die wir von unserem „Italiener um die Ecke" kennen, der sich meist auf unsere Essgewohnheiten eingestellt hat. Die richtige Pasta muss „al dente" sein und wird direkt gut mit den übrigen Zutaten vermischt. Entgegen anders lautenden Behauptungen werden Spaghetti übrigens in Italien nie mit Hilfe eines Löffels gegessen. Wer Pizza essen gehen möchte, sollte wissen, dass die meisten Restaurants in Italien keine Pizzen anbieten, sondern Pizzerien immer extra als solche ausgezeichnet sind.
Im Restaurant: Die Restaurant-Speisekarten spiegeln den üblichen Aufbau einer italieni-

Ciao, Verona! Ein Blick zurück auf den Dom im Spiegel eines Mopeds.

schen Mahlzeit: Auf die Antipasti (Vorspeisen) folgen die Primi Piatti (erstes Hauptgericht), die meist aus einem Nudelgericht bestehen, dann die Secondi Piatti (zweites Hauptgericht), ein Fleischgericht, zu dem diverse Beilagen gewählt werden können, und schließlich der Dolce (süßer Nachtisch). Im Ristorante ist es üblich, immer mindestens zwei Gänge zu bestellen (wahlweise Antipasti oder Primi Piatti, dann Secondi Piatti). Für das Gedeck aus Brot, Olivenöl und Grissini ist zumeist eine kleine Gebühr (coperto) fällig.

Frühstück: Normalerweise wird nur ein Cornetto (Hörnchen) oder Tramezzino (Weißbrotsandwich) im Stehen an der Theke einer Bar gegessen, während man dazu genüsslich seinen Caffè schlürft.

Regionalküchen: Norditaliens Regionalküche liefert herrliche, teilweise weltbekannte Spezialitäten.

Piemont: Bagna Caoda (Anchovis-Suppe mit Gemüse), Fritto Misto Piemontese (gebratenes Fleisch mit Gemüsebeilage), Bonet (Schokoladekuchen mit Kaffee und Keksen).

Aostatal: Fundata (Käse-Fondue mit Milch, Eigelb mit Trüffeln und weißem Pfeffer), Zabaglione (warme Nachspeise aus Eischaum und Marsalawein). Weine: Barolo, Barbera, Barbaresco, Gattinara, Grignolino.

Lombardei: Risotto alla Milanese (Reis mit Safran und Weißwein), Zuppa Pavese (wohlschmeckende klare Suppe mit pochiertem Ei), Minestrone (Gemüsesuppe), Osso Buco (Kalbshaxenscheiben mit Tomatensoße und Reis), Panettone (Weihnachtskuchen mit Rosinen und kandierten Früchten). Weine: Valtellina, Sassella, Grumello, Inferno.

Trentino und Südtirol: Schlutzkrapfen (gefüllte Teigtaschen), Schüttelbrot, Speck, Surfleisch, Kaminwurzen. Weine: Vernatsch, Müller-Thurgau, Gewürztraminer, Rosenmuskateller, Weißburgunder.

Preiskategorien

€€€€	Hauptspeisen	über 50	€
€€€	Hauptspeisen	30–50	€
€€	Hauptspeisen	20–30	€
€	Hauptspeisen	10–20	€

Venetien: Risi e Bisi (Reis mit Erbsen), Fegato alla Veneziana (hauchdünn geschnittene Kalbsleber, mit Zwiebeln in Butter gebraten), Baccalà alla Vicentina (gepökelter Kabeljau, in Milch gedünstet), Radicchio rosso di Treviso (wilder, leicht bitterer roter Salat). Weine: Soave, Bardolino, Valpolicella.

Friaul-Julisch Venetien: Pasta e fagioli (Nudeln mit Bohnen), Prosciutto di San Daniele (Schinken). Weißweine: Tokai, Malvasia, Pinot Bianco, Pinot Grigio. Rotweine: Merlot, Cabernet, Pinot Nero.

Ligurien: Pasta mit Pesto Genovese (Soße aus Basilikum, Knoblauch, Pinienkernen und Pecorino-Käse), Cima Genovese (kaltes Kalbfleisch, gefüllt mit Kalbshirn, Zwiebeln und Kräutern), Pandolce (Kuchen mit Orangengeschmack). Wein: Sciacchetra.

Emilia-Romagna: Tortellini, Spaghetti Bolognese (Nudeln mit einer Soße aus Fleisch, Käse und Tomaten), Vitello alla Bolognese (Kalbskotelett mit Parma-Schinken und Käse), Cotechino e zampone (Würstchen und mit Schweinefleisch gefüllte Schweinshaxe), Parmigiano (Parmesankäse), Prosciutto di Parma (Parma-Schinken), Weine: Lambrusco, Albana, Trebbiano, Sangiovese.

Der Caffè gehört zum Leben der Italiener wie Schlafen oder Essen. Es gibt sogar Kaffeesorten, die nur in bestimmten Gegenden Italiens zu kaufen sind. Italienischer Caffè entspricht unserem Espresso und kann in allen möglichen Variationen bestellt werden, etwa als Caffè Lungo mit der doppelten Menge Wasser gekocht, als Caffè Macchiato mit einem Tropfen Milchschaum versetzt oder als Cappuccino mit viel aufgeschäumter Milch.

Info

Daten & Fakten

Geografie: Norditalien umfasst die vor ca. 65 Mio. Jahren durch Auffaltung entstandenen Alpen im Norden, die fruchtbare, dicht besiedelte Poebene und den ligurisch-etruskischen Teil der Apenninen. In der Region Piemonte und Val d' Aosta liegen einige der höchsten Berge und schönsten Skigebiete Europas. Zahlreiche Gebirgsflüsse fließen von den Bergen zur Poebene und durchziehen das italienische Seengebiet (Lago Maggiore, Lago di Como und Lago di Garda sind die bekanntesten). Die Poebene besteht überwiegend aus fruchtbarem Schwemmland. Der Po, mit 652 km Länge und einem Einzugsgebiet von mehr als 75000 km² der größte Strom Italiens, mündet im Osten in die Adria. Die adriatische Tiefebene ist vor allem das Ergebnis der bereits seit Jahrmillionen stattfindenden Abtragung der Alpen und des Apennin durch Wasser.

Politik: Die nationale Einheit Italiens besteht seit 1861, seit 1946 ist Italien Republik. Es gilt die Verfassung von 1946. Italien besitzt ein Zweikammerparlament: Abgeordnetenhaus (630 Mitglieder) und Senat (315 gewählte Senatoren plus Senatoren auf Lebenszeit). Staatspräsident ist seit Januar 2015 Sergio Mattarella. Regierungschef: Premierminister Matteo Renzi (seit Februar 2014). Italien ist EU-Mitglied.

Bevölkerung und Sprache: Die römisch-katholische Kirche spielt in Italien auch heute noch eine wichtige Rolle und übt starken Einfluss auf die Sozialstruktur aus. Der Familienzusammenhalt ist stärker als in den meisten anderen europäischen Ländern. In Norditalien leben ungefähr 34 Mio. Menschen, was ca. 60 % der Gesamtbevölkerung entspricht. In den größten Ballungsräumen Mailand, Genua und Turin liegt nicht nur die Siedlungsdichte weit über dem italienweiten Durchschnitt von 191 Menschen/km2, sondern ist auch die Verkehrsbelastung enorm hoch. Amtssprache ist Italienisch. Südtirol ist offiziell zweisprachig, es wird überwiegend Deutsch gesprochen. Ladinisch ist z.T. Schulsprache im Trentino. In den Grenzgebieten zu Frankreich und zur Schweiz von der italienischen Riviera bis zum Gebiet nördlich von Mailand wird Französisch gesprochen, Slowenisch in Triest und Gorizia.

Religion: Von den knapp über 60 Mio. Italienern bekennen sich 51 Mio. zur römisch-katholischen Kirche.

Wirtschaft: Nach dem Einbruch des Bruttoinlandprodukts (BIP) in den Jahren 2008/2009 kehrte Italien 2010 zunächst auf einen Wachstumspfad mit niedriger Rate zurück. Doch 2011 wuchs die Wirtschaftsleistung nur noch um 0,4 %, 2012 schrumpfte die Wirtschaft (im Vergleich zum Vorjahr um minus 2,6 %), Italien befindet sich damit erneut in einer Rezession. Bedingt durch die Wirtschafts- und Eurokrise stieg die Schuldenquote 2014 auf 135,6 %. Die Krise macht sich auch auf dem Arbeitsmarkt bemerkbar: 2015 lag die Arbeitslosigkeitsquote bei fast 13 %. Besorgniserregend ist vor allem der rasante Anstieg der Jugendarbeitslosigkeit auf über 40 % (2015).

Luxus im Hotel Danieli (oben); Einfach gut: Gnocchi agli spinaci (ganz oben)

Eine Riesenauswahl bietet dieses Obst- und Gemüsegeschäft in der Altstadt von Bologna.

Info

Geschichte

1000 v. Chr. Besiedlung des heutigen Oberitalien durch die Ligurer im Westen und Veneter im Osten.
900 v. Chr. Die Etrusker dringen aus dem Süden bis ins heutige Mantua vor.
600 v. Chr. Die mächtigen Städte Felsina (später Bologna), Melpum (später Mailand), Perugia und Volsinii schließen sich zum Städtebund zusammen.
400 v. Chr. Die Kelten gründen Bergamo und Como und drängen die Ligurer und Etrusker in den Süden ab.
2. Jh. v. Chr. Römische Kolonialisierung.
313 Edikt von Mailand. Das Christentum wird zunächst gleichberechtigte, dann Staatsreligion im römischen Reich. In allen größeren Städten entstehen Bischofssitze.
476 Germanenfürst Odoaker setzt den letzten weströmischen Kaiser ab und ernennt sich selbst zum König von Italien. Bis zur Unabhängigkeit im 19.Jh. ist Italien nun ein Spielball fremder Mächte.
569 Die Langobarden erobern Norditalien.
774 Karl der Große krönt sich zum König der Franken und Langobarden. Beginn des Zeitalters der Stadtrepubliken, das mit der Niederschlagung der Staufer Ende des 13. Jh.s endet.
14. Jh. Dynastien wie die Gonzaga in Mantua, die Skaliger in Verona oder Malatesta in Rimini und Fürstenhäuser (Savoyen) beherrschen das Land.
15. Jh. Höhepunkt der Herrschaft Venedigs. Norditalien ist das Zentrum des Humanismus und der Renaissance.
16. Jh. Der Niedergang des Herzogtums Mailand entfacht ein Ringen um die Vorherrschaft in Oberitalien zwischen Frankreich, Spanien und den Habsburgern, aus dem die Spanier siegreich hervorgehen.
1701–1714 Der Spanische Erbfolgekrieg beendet die Vorherrschaft in Oberitalien; die Lombardei und Mantua gelangen an die österreichischen Habsburger.
15. Mai 1796 Napoleon zieht in Mailand ein und wird von den Einheimischen stürmisch begrüßt. Nach dem Sturz Napoleons beschließt der Wiener Kongress 1814, Italien erneut aufzusplitten.
1847 Mailand und Turin sind Zentren der Einigungsbewegung (Risorgimento).
14. März 1861 Vittorio Emanuele II. nimmt auf Beschluss des ersten italienischen Parlaments den Titel „König von Italien" an. Damit ist die Einheit besiegelt.
1919 Italien, das auf Seiten der Entente im Ersten Weltkrieg gekämpft hatte, erhält Südtirol, das Trentino, Julisch-Venetien, Triest und Istrien (außer Fiume) zugesprochen.
1922 Mussolinis „Marsch auf Rom". Machtergreifung, Kampf an Deutschlands Seite im Zweiten Weltkrieg, Waffenstillstand.
1943 Mussolini gründet am Gardasee die Repubblica Sociale Italiana und wird im April 1945 am Comer See ermordet.
Juni 1946 Die Einwohner der Lombardei votieren für die Republik. Abdankung Vittorio Emanueles III.
2004 Genua ist Kulturhauptstadt Europas. Wiedereröffnung der Mailänder Scala und des Opernhauses (La Fenice) in Venedig.
2006 XX. Olympische Winterspiele in Turin.
2013 200. Geburtstag Verdis. Inbetriebnahme der ersten führerlosen Metrolinie in Mailand.
2014 Matteo Renzi (geb. 1975) wird Ministerpräsident von Italien.
2015 Staatspräsident ist seit Januar Sergio Mattarella.

Feiertage

1. Januar: Neujahr
6. Januar: Hl. Drei Könige (Epifania)
Ostern: Von Bedeutung sind hauptsächlich der Karfreitag mit großen Prozessionen und der Ostermontag mit großen Stadtfesten.
25. April: Tag der Befreiung
1. Mai: Tag der Arbeit
1. Sonntag im Juni: Proklamation der Rep.
3. Sonntag im Juli: Erlöserfest
15. August: Mariä Himmelfahrt (Ferragosto)
1. November: Allerheiligen
1. Sonntag im November: Tag der Nationaleinheit
8. Dezember: Mariä Empfängnis
25. Dezember: Weihnachten
26. Dezember: Hl. Stephanus
31. Dezember: Silvester
Liegt der Feiertag günstig vor oder nach einem Wochenende, nutzen viele Italiener die Möglichkeit zu Familienfesten und Reisen. Achten sollte man deshalb bei der Reiseplanung auf die italienischen Feiertage, um gegebenenfalls Zimmer etc. vorzubestellen.

Geld

Seit 1. Januar 2002 ist der Euro auch in Italien offizielles Zahlungsmittel. Daneben sind Kreditkarten weit verbreitet, werden jedoch, insbesondere an Tankstellen, nicht immer problemlos akzeptiert. An Geldautomaten kann man mit Kredit-, EC- oder Postbank-Karten in Kombination mit der Geheimnummer rund um die Uhr Geld abheben.

Gesundheit

Kassenabrechnung: Mit der Europäischen Krankenversicherungskarte (European Health Insurance Card - EHIC) können gesetzlich Krankenversicherte europaweit medizinische Leistungen erhalten. Wer in Deutschland gesetzlich versichert ist, muss die Europäische Krankenversicherungskarte nicht beantragen. Sie ist automatisch auf der Rückseite der Versichertenkarte aufgedruckt. Wer gegen wenige Euro eine private Reisekrankenversicherung abschließen möchte, sollte prüfen, ob diese tatsächlich die Kosten für Medikamente und Behandlung übernimmt oder mit dem Argument ausschließt, für die innerhalb Europas entstandenen Kosten seien die gesetzlichen Kassen zuständig.
Versorgung: Die medizinische Versorgung in ganz Italien entspricht dem europäischen Standard. In den oberitalienischen Kurorten ist die Betreuung sogar überdurchschnittlich gut. Apotheken (Farmacia) haben meistens Mo.–Fr. 9.00–12.30 und 16.00–19.30 Uhr geöffnet.

Haustiere

Für Hunde und Katzen wird ein veterinärärztlicher Heimtierausweis mit Gesundheitszeugnis,

Tollwut-Impfzeugnis und Lichtbild verlangt; zudem müssen die Tiere einen Mikrochip oder eine Tätowierung tragen. Schwierig wird es mit der Unterbringung im Hotel werden – vor allem die Häuser der gehobenen Kategorie lehnen Haustiere ab oder verlangen einen nicht unerheblichen Aufpreis. An den Stränden und in den Naturparks besteht Leinenzwang; für Hunde besteht teilweise Maulkorbpflicht, Informationen erteilt der Deutsche Tierschutzbund.

Hotels

Hoteltipps sind auf den Infoseiten aufgeführt. Die Preise differieren allerdings stark.

Preiskategorien

€€€€	Doppelzimmer	über 200 €
€€€	Doppelzimmer	150–200 €
€€	Doppelzimmer	100–150 €
€	Doppelzimmer	50–100 €

Kinder

In Italien sind „bambini" gern gesehen. Überall bemüht man sich um eine kindgerechte Einrichtung. Die wohl beste Urlaubsregion für Kinder in Norditalien ist, dank toller Strände und aufregender Themenparks, die italienische Adria. Auch am Gardasee gibt es verschiedene Vergnügungsparks für Kinder.

Kleidung

Norditaliens Modedesigner genießen weltweite Anerkennung. Zwar trägt nicht jeder Italiener Markenkleidung bekannter Designer, doch auf korrekte Kleidung wird viel Wert gelegt – man möchte schließlich eine „bella figura" machen. Wer also als Tourist das Land besucht, sollte hier die Erwartungen der Einheimischen nicht enttäuschen. Badebekleidung oder Strand-Outfit sind nur am Wasser oder höchstens noch in den Strandbars gestattet. Wenn der Besuch von Restaurants, Bars, Geschäften oder gar historischen Denkmälern auf dem Programm steht, sollte man nicht zu viel Haut zeigen. Gerade in Kirchen müssen Beine und Schultern bedeckt sein.

Literaturtipps

Belletristik: Wer nach Venedig reist, kann sich mit spannenden Krimis von Donna Leon (Commissario Brunetti) einstimmen. Umberto Eco, Mein verrücktes Italien: Eine liebevoll-kritische Annäherung an seine Heimat, Wagenbach 2000. Tim Parks, Eine Saison in Verona: Parks reist mit den Fans von Hellas Verona von Spiel zu Spiel und beschäftigt sich mit des Italieners liebstem Kind – Fußball (Goldmann TB 2005).

Weinguide: Vini d' Italia: Auf 959 Seiten werden gut 20000 Weine von ca. 2350 Produzenten beschrieben – ein jährlich erscheinender Top-Guide für Weinkäufer. Die deutsche Ausgabe wird seit 2012 vom italienischen Originalverlag vertrieben (Gambero Rosso, 2014).

Mietwagen

Um in Italien ein Auto mieten zu können, muss man mindestens 21 Jahre alt sein, ein Jahr Fahrpraxis nachweisen können und einen nationalen Führerschein besitzen. Ratsam ist es auch, eine Kreditkarte vorlegen zu können, von der ein Abdruck als Pfand hinterlegt wird.

Notrufe

Erste Hilfe, Polizei, Carabinieri, Feuerwehr: Tel. 112
Pannendienst/ACI: Tel. 803 116
ADAC-Notruf München: Tel. +4989222222

Öffnungszeiten

Banken: Mo.–Fr. 8.30–13.30 u.14.15–15.45 Uhr
Post: Mo.–Fr. 8.15–13.30, Sa. bis 12.00 Uhr
Geschäfte: Mo.–Fr. 9-12.30 und 15.30–19.30 Uhr. In vielen Ortszentren haben die Geschäfte bis 22.00 Uhr geöffnet und zum Ausgleich dann montagvormittags geschlossen. Kaufhäuser und Supermärkte haben normalerweise durchgehende Öffnungszeiten (9.00–20.00 Uhr), aber schließen dafür wiederum häufig am Mittwochnachmittag. Lebensmittelläden öffnen gelegentlich auch am Sonntagvormittag.

Reisedokumente

Da es keine Grenzkontrollen gibt, genügt im Normalfall der Personalausweis. Kinder unter 16 Jahren benötigen einen Kinderausweis oder müssen im Personalausweis der Eltern eingetragen sein. Autofahrer sollten neben dem Führerschein sowie dem KFZ-Schein auch die Internationale Grüne Versicherungskarte mitnehmen.

Reisezeit

Für Wanderungen oder auch Städtetouren sind Frühjahr oder Herbst die besten Jahreszeiten, da es im Sommer in Norditalien häufig drückend schwül wird. Wer baden möchte, ist dagegen im Sommer am besten dran. Wintersportlern seien die Tage von Anfang Dezember bis unmittelbar vor Weihnachten anempfohlen – erst dann nämlich beginnt die teure Hochsaison.

Restaurants

Restaurantempfehlungen finden Sie auf den Infoseiten der Städte und Regionen.

Preiskategorien

€€€€	Hauptspeisen	über 20 €
€€€	Hauptspeisen	15 – 20 €
€€	Hauptspeisen	10 – 15 €
€	Hauptspeisen	5 – 10 €

Liguriens Villa Hanbury ist von einem wunderschönen botanischen Garten umgeben.

Sport

Wer im Urlaub aktiv werden möchte, der findet hier ein Eldorado. Zwar ist Norditalien hauptsächlich für seine Skigebiete und Badestrände bekannt, aber damit ist das Repertoire an Freizeitaktivitäten in den unterschiedlichen Regionen noch lange nicht erschöpft. Gebirge, Küste, Wälder und das flache Land ermöglichen alles: von Angeln über Fußball bis Wandern und Rad fahren. Angeln im Mittelmeer ist ohne Genehmigung möglich. Nur wer in den Flüssen und Binnengewässern fischen will, muss sich bei der zuständigen Verwaltung eine Angel-Erlaubnis beschaffen. Ein bekanntes und beliebtes Surfgebiet ist, wegen des verlässlichen Windes, der nördliche Teil des Gardasees. Dort trifft sich auch die internationale Kletterszene. Als bestes Tauchrevier gilt der Naturschutzpark von Portofino (www.liguriadiving. com). Für Wanderungen empfehlen sich insbesondere die Alpenregionen, z.B. Südtirol mit dem „Keschtnwanderweg" von Bauernhof zu Bauernhof. Herausragend ist auch die Tour auf dem Geologensteig in den Dolomiten (s. S. 33). Für Genusswanderer eignet sich die Fahrt mit der Seilbahn hinauf zum Monte Baldo oberhalb des Gardasees (s S. 44). Das Topziel der Golfer ist die Lombardei; vor allem rund um Mailand hat dieser Sport in den letzten Jahren viele Tausend Fans gefunden. Joggen, Radfahren, Skaten, Beachvolleyball, aber natürlich auch Surfen und Segeln oder Wasserskifahren – besonders die Adria ist ein wahres Dorado für Sport-Fans.

Sicherheit

Wer in Norditaliens Metropolen mit dem Auto unterwegs ist, für den gilt als oberste Grundregel wie in anderen Ländern auch, niemals Wertsachen im Auto zurücklassen und auch während der Fahrt nicht sichtbar herumliegen lassen. Es empfiehlt sich, das Auto in Hotelgaragen oder bewachten Parkgaragen abzustellen – nur dann gilt der Versicherungsschutz. Wenn Sie zu Fuß unterwegs sind, nehmen Sie nur so viel Bargeld wie nötig mit, alles andere liegt am sichersten im Hotelsafe. Von Pässen, Tickets oder anderen Dokumenten fertigen Sie am besten vor der Abreise Kopien an und lagern sie getrennt von den Originalen. Taschendiebe sind bevorzugt in öffentlichen Verkehrsmitteln und bei stark frequentierten Sehenswürdigkeiten aktiv. Sollte Ihnen etwas von Wert gestohlen worden sein, macht eine Anzeige bei der örtlichen Polizei leider meist nur den Sinn, sich den Diebstahl quittieren zu lassen, um den Beleg anschließend dann zumindest wieder zu Hause bei der eigenen Versicherung einreichen zu können.

Info

Wetterdaten
Genua

	TAGES-TEMP. MAX.	TAGES-TEMP. MIN.	WASSER-TEMP.	TAGE MIT NIEDER-SCHLAG	SONNEN-STUNDEN PRO TAG
Januar	11°	5°	13°	7	4
Februar	12°	6°	12°	7	5
März	14°	8°	13°	8	5
April	17°	11°	13°	8	5
Mai	21°	14°	16°	7	7
Juni	24°	18°	20°	5	8
Juli	27°	21°	23°	3	10
August	27°	21°	23°	6	9
September	24°	18°	21°	6	7
Oktober	20°	14°	19°	8	6
November	15°	9°	16°	8	4
Dezember	12°	6°	14°	6	4

Eine sanfte Meeresbrise durchströmt den funkelnden Abend am Strand von Camogli.

Register

Fette Ziffern verweisen auf Abbildungen

Impressum

3. Auflage 2016
© DuMont Reiseverlag, Ostfildern

Verlag: DuMont Reiseverlag, Postfach 3151, 73751 Ostfildern, Tel. 0711/4502-0, Fax 0711/4502-343, www.dumontreise.de
Geschäftsführer: Dr. Thomas Brinkmann, Dr. Stephanie Mair-Huydts
Programmleitung: Birgit Borowski
Redaktion: Manuela Hunfeld
Text: Wolfgang Veit, Achim Bourmer (Aktualisierung 2016)
Exklusiv-Fotografie: Ernst Wrba
Titelbild: Alter Fiat 500 in Bologna (laif/Loop Images/Julian Castle)
Zusätzliches Bildmaterial: S. 12/13, 22 o., 23, 27, 31 li., 32 re., 33 u., 32 o.li., 36, 37 u., 46 o.re., 120 u.re. DuMont Bildarchiv/Udo Bernhart; 50 u.li., 55 o.re., 59 li., 59 u.re., 60 li., 60 u.re., 120 o.re. DuMont Bildarchiv/Martin Kirchgessner; 16/17, 98, 108 u., 109, 110 o., 111, 115 u., 117 re., 119 u., 118 o.li., 118 o.re., 121 o., 122 o.li. DuMont Bildarchiv/Sabine Lubenow; 37 Mi., 88 o.li., 88 o.re. DuMont Bildarchiv/Axel M. Mosler; 37 o., 45 o.re. DuMont Bildarchiv/Michael Riehle; 40/41, 45 li., 45 u.re., 46 o.li., 76 o., 87 li., 87 o.re. DuMont Bildarchiv/Thilo Weimar; 5 o., 111 u. Sabine Lubenow/LOOK-foto; 4 u.re Huber/Ripani Massimo; 5 u. Fotolia/djama; 8/9 iStock/megula; 10/11 Berthold Steinhilber_laif; 18 li. Schloss-Hotel Korb, www.schloss-hotel-korb.com; 18 re., 19 u. Byblos Art Hotel Villa Amistà, www.byblosarthotel.com; 19 o. Huber/Colin Dutton; 53 u. laif/Desmer; 61 u. laif; 7 u.li, 47 u. mauritius images/Bernd Ritschel; 7 o.re., 71 re. Huber/Gräfenhain; 7 Mi., 39 u. Huber/Kaos; 14/15 vario images, Fotograf/Agentur: imagebroker; 25 Hauke Dressler/LOOK-foto; 28/29 © Vigilius; 42 li. Huber/Arcangelo Piai; 42 re. DANIELE DAINELLI/laif; 43 o.li. Massimo Siragusa/laif; 43 o.re. Glow Images/Deposit; 43 u.re. laif/Eid; 46 u.re. Huber/Kaos03; 47 u. Huber/Kaos02; 50 o. Hans Madej/laif; 56 li. Franz Marc Frei/Look-foto; 56 re. GettyImages/Marka; 57 o.li. Huber/Guido Cozzi; 57 o.re. mauritius/Nico Tondini; 57 u.li. GettyImages/Stefan Cioata; 57 u.re. Jean-Daniel Sudres/hemis.fr/laif; 64 o. dpa/Mark Sunderland; 67 o.re. dpa; 68 o.Mitte dpa/J.Kruse; 68 u. dpa/Lenz, G.; 59 o.re. mauritius images/Axiom Photographic; 71 li. getty images/Maremagnum/Photographer's Choice; 73 u. Huber/Friedel; 81 Huber/Gräfenhain; 83 Clemens Zahn/laif; 84 u. dpa; Fotograf FABRIZIO RADAELLI; 84 o. Roberto Caccuri/laif; 82 dpa/Pier Paolo Ferreri; 88 u. getty images/Brand New Images/Stone; 89 o. Huber/Kaos02; 90/91 Huber/Fantuz Olimpio; 92/93 dpa/73336/Uselmann, Manfred; 92 u. Mueller H./laif; 94 o. Huber/S. Raccanello; 95 Markus Kirchgessner/laif; 96 Huber/Da Ros Luca; 97 re. Huber/M. Pignatelli; 99 stockfood/Morris, Robert; 101 Huber/Ripani Massimo; 103 li. iStock/Valeria73; 104 u.re. Huber/Angeli Mirko; 105 u. Huber/Scatê Stefano; 106/107 Huber/Johanna Huber; 114 Huber/Piai Arcangelo; 115 o. Huber/Pavan Aldo; 124 u. dpa/Zerla Walter/Tips Images; Vektorgrafiken: 18, 56 iStock; 19, 33, 42, 61 Shutterstock; 89 Vectorstock

Grafische Konzeption, Art Direktion und Layout: fpm factor product münchen
Kartografie: © MAIRDUMONT GmbH & Co. KG, Ostfildern; Kartografie Lawall (Karten für „Unsere Favoriten")
DuMont Bildarchiv: Marco-Polo-Straße 1, 73760 Ostfildern, Tel. 0711/4502-266, Fax 0711/4502-1006, bildarchiv@mairdumont.com

Für die Richtigkeit der in diesem DuMont Bildatlas angegebenen Daten – Adressen, Öffnungszeiten, Telefonnummern usw. – kann der Verlag keine Garantie übernehmen. Nachdruck, auch auszugsweise, nur mit vorheriger Genehmigung des Verlages. Erscheinungsweise: monatlich.

Anzeigenvermarktung: MAIRDUMONT MEDIA, Tel. 0711/4502333, Fax 0711/45021012, media@mairdumont.com, http://media.mairdumont.com
Vertrieb Zeitschriftenhandel: PARTNER Medienservices GmbH, Postfach 810420, 70521 Stuttgart, Tel. 0711/7252-212, Fax 0711/7252-320
Vertrieb Abonnement: Leserservice DuMont Bildatlas, Zenit Pressevertrieb GmbH, Postfach 810640, 70523 Stuttgart, Tel. 0711/7252-265, Fax 0711/7252-333, dumontreise@zenit-presse.de
Vertrieb Buchhandel und Einzelhefte: MAIRDUMONT GmbH & Co KG, Marco-Polo-Straße 1, 73760 Ostfildern, Tel. 0711/4502-0, Fax 0711/4502-340
Reproduktionen: PPP Pre Print Partner GmbH & Co. KG, Köln
Druck und buchbinderische Verarbeitung: NEEF + STUMME premium printing GmbH & Co. KG, Wittingen, Printed in Germany

FSC
www.fsc.org
MIX
Papier aus verantwortungsvollen Quellen
FSC® C001857

...re Ausgaben

Hamburgs Herz pocht an Elbe und Alster.

Die Kanaren sind vom Klima begünstigt – beste Voraussetzung für herrliche Strandtage.

Hamburg

Deutschlands Tor zur Welt
Der Hafen ist das Aushängeschild der Hansestadt, aber Hamburg hat natürlich noch weit mehr zu bieten, wir präsentieren alle Highlights.

Urbane Visionen
Aus alten Hafenvierteln werden trendige Stadtteile. Erleben Sie das „neue" Hamburg.

Shopping hanseatisch
Hamburger Trend-Labels und Traditionshäuser, hier kaufen Sie zwar nicht günstig, aber gut!

Teneriffa
La Palma • La Gomera • El Hierro

Paradiesische Inseln
Sie wissen noch nicht wohin? Wir stellen Ihnen die Westkanaren ausführlich in Bild und Wort vor.

Exklusiv wohnen
Warum sich nicht mal etwas Besonderes gönnen, die besten Adressen auf Teneriffa und den kleinen Kanareninseln.

Wandern mit Aussicht
Unsere Favoriten – die neun erlebnisreichsten Wanderungen auf den Kanaren.

www.dumontreise.de

DEUTSCHLAND
119 Allgäu
092 Altmühltal
105 Bayerischer Wald
120 Berlin
162 Bodensee
121 Brandenburg
175 Chiemgau, Berchtesg. Land
013 Dresden, Sächs. Schweiz
152 Eifel, Aachen
157 Elbe und Weser, Bremen
125 Erzgebirge, Vogtland
168 Franken
020 Frankfurt, Rhein-Main
059 Fränkische Schweiz
112 Freiburg, Basel, Colmar
028 Hamburg
026 Hannover zw. Harz u. Heide
042 Harz
062 Hunsrück, Naheland, Rheinhessen
023 Leipzig, Halle, Magdeburg
131 Lüneburger Heide, Wendland
133 Mecklenburgische Seen
038 Mecklenburg-Vorpommern
033 Mosel
114 München
047 Münsterland
015 Nordseeküste Schleswig-Holstein
006 Oberbayern
161 Odenwald, Heidelberg
035 Osnabrücker Land, Emsland
002 Ostfriesland, Oldenb. Land
164 Ostseeküste Mecklenburg-Vorpommern
154 Ostseeküste Schleswig-Holstein
136 Pfalz
040 Rhein zw. Köln und Mainz
079 Rhön
116 Rügen, Usedom, Hiddensee
137 Ruhrgebiet
149 Saarland
080 Sachsen
081 Sachsen-Anhalt
117 Sauerland, Siegerland
159 Schwarzwald Norden
045 Schwarzwald Süden
018 Spreewald, Lausitz
008 Stuttgart, Schwäbische Alb
141 Sylt, Amrum, Föhr
142 Teutoburger Wald
170 Thüringen
037 Weserbergland
173 Wiesbaden, Rheingau

BENELUX
156 Amsterdam
011 Flandern, Brüssel
070 Niederlande

FRANKREICH
055 Bretagne
021 Côte d'Azur
032 Elsass
009 Frankreich Süden Languedoc-Roussillon
019 Korsika
071 Normandie
001 Paris
115 Provence

GROSSBRITANNIEN/IRLAND
063 Irland
130 London
138 Schottland
030 Südengland

ITALIEN/MALTA/KROATIEN
017 Gardasee, Trentino
110 Golf von Neapel, Kampanien
163 Istrien, Kvarner Bucht
128 Italien, Norden
005 Kroatische Adriaküste
167 Malta
155 Oberitalienische Seen
158 Piemont, Turin
014 Rom
165 Sardinien
003 Sizilien
140 Südtirol
039 Toskana
091 Venedig, Venetien

GRIECHENLAND/ ZYPERN/TÜRKEI
034 Istanbul
016 Kreta
176 Türkische Südküste, Antalya
148 Zypern

MITTEL- UND OSTEUROPA
104 Baltikum
122 Bulgarien
094 Danzig, Ostsee, Masuren
169 Krakau, Breslau, Polen Süden
044 Prag
085 St. Petersburg
145 Tschechien
146 Ungarn

ÖSTERREICH/SCHWEIZ
129 Kärnten
004 Salzburger Land
139 Schweiz
144 Tirol
147 Wien

SPANIEN/PORTUGAL
043 Algarve
093 Andalusien
150 Barcelona
108 Costa Brava
025 Gran Canaria, Fuerteventura, Lanzarote
172 Kanarische Inseln
124 Madeira
174 Mallorca
007 Spanien Norden, Jakobsweg
118 Teneriffa, La Palma, La Gomera , El Hierro

SKANDINAVIEN/NORDEUROPA
166 Dänemark
153 Hurtigruten
029 Island
099 Norwegen Norden
072 Norwegen Süden
151 Schweden Süden, Stockholm

LÄNDERÜBERGREIFENDE BÄNDE
123 Donau – Von der Quelle bis zur Mündung
112 Freiburg, Basel, Colmar

AUSSEREUROPÄISCHE ZIELE
010 Ägypten
053 Australien Osten, Sydney
109 Australien Süden, Westen
107 China
024 Dubai, Abu Dhabi, VAE
160 Florida
036 Indien
027 Israel
111 Kalifornien
031 Kanada Osten
064 Kanada Westen
171 Kuba
022 Namibia
068 Neuseeland
041 New York
048 Südafrika
012 Thailand
046 Vietnam

Register

Fette Ziffern verweisen auf Abbildungen

Impressum

3. Auflage 2016
© DuMont Reiseverlag, Ostfildern

Verlag: DuMont Reiseverlag, Postfach 3151, 73751 Ostfildern, Tel. 0711/4502-0, Fax 0711/4502-343, www.dumontreise.de
Geschäftsführer: Dr. Thomas Brinkmann, Dr. Stephanie Mair-Huydts
Programmleitung: Birgit Borowski
Redaktion: Manuela Hunfeld
Text: Wolfgang Veit, Achim Bourmer (Aktualisierung 2016)
Exklusiv-Fotografie: Ernst Wrba
Titelbild: Alter Fiat 500 in Bologna (laif/Loop Images/Julian Castle)
Zusätzliches Bildmaterial: S. 12/13, 22 o., 23, 27, 31 li., 32 re., 33 u., 32 o.li., 36, 37 u., 46 o.re., 120 u.re. DuMont Bildarchiv/Udo Bernhart; 50 u.li., 55 o.re., 59 li., 59 u.re., 60 li., 60 u.re., 120 o.re. DuMont Bildarchiv/Martin Kirchgessner; 16/17, 98, 108 u., 109, 110 o., 111, 115 u., 117 re., 119 u., 118 o.li., 118 o.re., 121 o., 122 o.li. DuMont Bildarchiv/Sabine Lubenow; 37 Mi., 88 o.li., 88 o.re. DuMont Bildarchiv/Axel M. Mosler; 37 o., 45 o.re. DuMont Bildarchiv/Michael Riehle; 40/41, 45 li., 45 u.re., 46 o.li., 76 o., 87 li., 87 o.re. DuMont Bildarchiv/Thilo Weimar; 5 o., 111 u. Sabine Lubenow/LOOK-foto; 4 u.re Huber/Ripani Massimo; 5 u. Fotolia/djama; 8/9 iStock/megula; 10/11 Berthold Steinhilber_laif; 18 li. Schloss-Hotel Korb, www.schloss-hotel-korb.com; 18 re., 19 u. Byblos Art Hotel Villa Amistà, www.byblosarthotel.com; 19 o. Huber/Colin Dutton; 53 u. laif/Desmer; 61 u. laif; 7 u.li, 47 u. mauritius images/Bernd Ritschel; 7 o.re., 71 re. Huber/Gräfenhain; 7 Mi., 39 u. Huber/Kaos; 14/15 vario images, Fotograf/Agentur: imagebroker; 25 Hauke Dressler/LOOK-foto; 28/29 © Vigilius; 42 li. Huber/Arcangelo Piai; 42 re. DANIELE DAINELLI/laif; 43 o.li. Massimo Siragusa/laif; 43 o.re. Glow Images/Deposit; 43 u.re. laif/Eid; 46 u.re. Huber/Kaos03; 47 u. Huber/Kaos02; 50 o. Hans Madej/laif; 56 li. Franz Marc Frei/Look-foto; 56 re. GettyImages/Marka; 57 o.li. Huber/Guido Cozzi; 57 o.re. mauritius/Nico Tondini; 57 u.li. GettyImages/Stefan Cioata; 57 u.re. Jean-Daniel Sudres/hemis.fr/laif; 64 o. dpa/Mark Sunderland; 67 o.re. dpa; 68 o.Mitte dpa/J.Kruse; 68 u. dpa/Lenz, G.; 59 o.re. mauritius images/Axiom Photographic; 71 li. getty images/Maremagnum/Photographer's Choice; 73 u. Huber/Friedel; 81 Huber/Gräfenhain; 83 Clemens Zahn/laif; 84 u. dpa; Fotograf FABRIZIO RADAELLI; 84 o. Roberto Caccuri/laif; 82 dpa/Pier Paolo Ferreri; 88 u. getty images/Brand New Images/Stone; 89 o. Huber/Kaos02; 90/91 Huber/Fantuz Olimpio; 92/93 dpa/73336/Uselmann, Manfred; 92 u. Mueller H./laif; 94 o. Huber/S. Raccanello; 95 Markus Kirchgessner/laif; 96 Huber/Da Ros Luca; 97 re. Huber/M. Pignatelli; 99 stockfood/Morris, Robert; 101 Huber/Ripani Massimo; 103 li. iStock/Valeria73; 104 u.re. Huber/Angeli Mirko; 105 u. Huber/Scatê Stefano; 106/107 Huber/Johanna Huber; 114 Huber/Piai Arcangelo; 115 o. Huber/Pavan Aldo; 124 u. dpa/Zerla Walter/Tips Images; Vektorgrafiken: 18, 56 iStock; 19, 33, 42, 61 Shutterstock; 89 Vectorstock

Grafische Konzeption, Art Direktion und Layout: fpm factor product münchen
Kartografie: © MAIRDUMONT GmbH & Co. KG, Ostfildern; Kartografie Lawall (Karten für „Unsere Favoriten")
DuMont Bildarchiv: Marco-Polo-Straße 1, 73760 Ostfildern, Tel. 0711/4502-266, Fax 0711/4502-1006, bildarchiv@mairdumont.com

Für die Richtigkeit der in diesem DuMont Bildatlas angegebenen Daten – Adressen, Öffnungszeiten, Telefonnummern usw. – kann der Verlag keine Garantie übernehmen. Nachdruck, auch auszugsweise, nur mit vorheriger Genehmigung des Verlages. Erscheinungsweise: monatlich.

Anzeigenvermarktung: MAIRDUMONT MEDIA, Tel. 0711/4502333, Fax 0711/45021012, media@mairdumont.com, http://media.mairdumont.com
Vertrieb Zeitschriftenhandel: PARTNER Medienservices GmbH, Postfach 810420, 70521 Stuttgart, Tel. 0711/7252-212, Fax 0711/7252-320
Vertrieb Abonnement: Leserservice DuMont Bildatlas, Zenit Pressevertrieb GmbH, Postfach 810640, 70523 Stuttgart, Tel. 0711/7252-265, Fax 0711/7252-333, dumontreise@zenit-presse.de
Vertrieb Buchhandel und Einzelhefte: MAIRDUMONT GmbH & Co KG, Marco-Polo-Straße 1, 73760 Ostfildern, Tel. 0711/4502-0, Fax 0711/4502-340
Reproduktionen: PPP Pre Print Partner GmbH & Co. KG, Köln
Druck und buchbinderische Verarbeitung: NEEF + STUMME premium printing GmbH & Co. KG, Wittingen, Printed in Germany

FSC® www.fsc.org MIX Papier aus verantwortungsvollen Quellen FSC® C001857

Lieferbare Ausgaben

Die Kanaren sind vom Klima begünstigt – beste Voraussetzung für herrliche Strandtage.

Hamburgs Herz pocht an Elbe und Alster.

Teneriffa
La Palma • La Gomera • El Hierro

Paradiesische Inseln
Sie wissen noch nicht wohin? Wir stellen Ihnen die Westkanaren ausführlich in Bild und Wort vor.

Exklusiv wohnen
Warum sich nicht mal etwas Besonderes gönnen, die besten Adressen auf Teneriffa und den kleinen Kanareninseln.

Wandern mit Aussicht
Unsere Favoriten – die neun erlebnisreichsten Wanderungen auf den Kanaren.

Hamburg

Deutschlands Tor zur Welt
Der Hafen ist das Aushängeschild der Hansestadt, aber Hamburg hat natürlich noch weit mehr zu bieten, wir präsentieren alle Highlights.

Urbane Visionen
Aus alten Hafenvierteln werden trendige Stadtteile. Erleben Sie das „neue" Hamburg.

Shopping hanseatisch
Hamburger Trend-Labels und Traditionshäuser, hier kaufen Sie zwar nicht günstig, aber gut!

DEUTSCHLAND
119 Allgäu
092 Altmühltal
105 Bayerischer Wald
120 Berlin
162 Bodensee
121 Brandenburg
175 Chiemgau, Berchtesg. Land
013 Dresden, Sächs. Schweiz
152 Eifel, Aachen
157 Elbe und Weser, Bremen
125 Erzgebirge, Vogtland
168 Franken
020 Frankfurt, Rhein-Main
059 Fränkische Schweiz
112 Freiburg, Basel, Colmar
028 Hamburg
026 Hannover zw. Harz u. Heide
042 Harz
062 Hunsrück, Naheland, Rheinhessen
023 Leipzig, Halle, Magdeburg
131 Lüneburger Heide, Wendland
133 Mecklenburgische Seen
038 Mecklenburg-Vorpommern
033 Mosel
114 München
047 Münsterland
015 Nordseeküste Schleswig-Holstein
006 Oberbayern
161 Odenwald, Heidelberg
035 Osnabrücker Land, Emsland
002 Ostfriesland, Oldenb. Land
164 Ostseeküste Mecklenburg-Vorpommern
154 Ostseeküste Schleswig-Holstein
136 Pfalz
040 Rhein zw. Köln und Mainz
079 Rhön
116 Rügen, Usedom, Hiddensee
137 Ruhrgebiet
149 Saarland
080 Sachsen
081 Sachsen-Anhalt
117 Sauerland, Siegerland
159 Schwarzwald Norden
045 Schwarzwald Süden
018 Spreewald, Lausitz
008 Stuttgart, Schwäbische Alb
141 Sylt, Amrum, Föhr
142 Teutoburger Wald
170 Thüringen
037 Weserbergland
173 Wiesbaden, Rheingau

BENELUX
156 Amsterdam
011 Flandern, Brüssel
070 Niederlande

FRANKREICH
055 Bretagne
021 Côte d'Azur
032 Elsass
009 Frankreich Süden Languedoc-Roussillon
019 Korsika
071 Normandie
001 Paris
115 Provence

GROSSBRITANNIEN/IRLAND
063 Irland
130 London
138 Schottland
030 Südengland

ITALIEN/MALTA/KROATIEN
017 Gardasee, Trentino
110 Golf von Neapel, Kampanien
163 Istrien, Kvarner Bucht
128 Italien, Norden
005 Kroatische Adriaküste
167 Malta
155 Oberitalienische Seen
158 Piemont, Turin
014 Rom
165 Sardinien
003 Sizilien
140 Südtirol
039 Toskana
091 Venedig, Venetien

GRIECHENLAND/ZYPERN/TÜRKEI
034 Istanbul
016 Kreta
176 Türkische Südküste, Antalya
148 Zypern

MITTEL- UND OSTEUROPA
104 Baltikum
122 Bulgarien
094 Danzig, Ostsee, Masuren
169 Krakau, Breslau, Polen Süden
044 Prag
085 St. Petersburg
145 Tschechien
146 Ungarn

ÖSTERREICH/SCHWEIZ
129 Kärnten
004 Salzburger Land
139 Schweiz
144 Tirol
147 Wien

SPANIEN/PORTUGAL
043 Algarve
093 Andalusien
150 Barcelona
108 Costa Brava
025 Gran Canaria, Fuerteventura, Lanzarote
172 Kanarische Inseln
124 Madeira
174 Mallorca
007 Spanien Norden, Jakobsweg
118 Teneriffa, La Palma, La Gomera , El Hierro

SKANDINAVIEN/NORDEUROPA
166 Dänemark
153 Hurtigruten
029 Island
099 Norwegen Norden
072 Norwegen Süden
151 Schweden Süden, Stockholm

LÄNDERÜBERGREIFENDE BÄNDE
123 Donau – Von der Quelle bis zur Mündung
112 Freiburg, Basel, Colmar

AUSSEREUROPÄISCHE ZIELE
010 Ägypten
053 Australien Osten, Sydney
109 Australien Süden, Westen
107 China
024 Dubai, Abu Dhabi, VAE
160 Florida
036 Indien
027 Israel
111 Kalifornien
031 Kanada Osten
064 Kanada Westen
171 Kuba
022 Namibia
068 Neuseeland
041 New York
048 Südafrika
012 Thailand
046 Vietnam

www.dumontreise.de